英語語法ライブラリ
ペーパーバックが教えてくれた

英語語法ライブラリ

ペーパーバックが教えてくれた

柏野健次 著

開拓社

まえがき

　本書は開拓社のホームページに 2007 年 2 月から 2007 年 10 月までと 2008 年 3 月から 2008 年 11 月までの 2 回にわたって連載したブログ「ペーパーバックが教えてくれた」を大幅に加筆・修正したものである。ブログの段階では対象を大学生や一般の方に設定していたが，本書ではさらにレベルを上げ，大学院生や教職にある方も視野に入れている。

　英語の語法研究の目的は「英語をよく知ること」と「英語の変化に気づくこと」であるが，ペーパーバックを読むことは，この二つの目的を達成するための大きな手助けとなる。

　私は大学院修了後からペーパーバックを読み始め，数多くの eye-opener（思いもよらない事実を明らかにしてくれるもの）となる表現に出くわしたが，本書ではそれらを中心に取り上げている。そしてデータベースを調べ，ネイティブ・スピーカーに聞き，役に立つ情報を探すことによって，その問題の解決を図るという方法を取っている。

　試みに以前読んだペーパーバック (P. Benchley, *Jaws*) を開けてみると，Brody *was surprised by* his brevity. に赤線が引いてある。巻末に 1976 年 4 月読了とあり，当時としては be surprised by という表現が私にとっての eye-opener だったのであろう。

　本書の全体の構成は以下のようになっている。

1　「語法・文法編」「口語英語編」「文化比較編」の 3 部から成る。
2　各項目は原則 1 ページに収められ，「語法ファイル」の項は原則的に半ページを目処としている。

3 それぞれの項目では，まず当該の表現に関する解説があり，次に実例が示されている。そして「データベースを調べる」「ネイティブ・スピーカーに聞く」「役に立つ情報を探す」という見出しのもとで，さらに詳しい説明が施されている。

「データベースを調べる」では，Kashino Database のほか，英米の新聞 (The New York Times と The Times) の website 上のデータベースや COCA Corpus, COHA Corpus などを利用した (データベースについては凡例を参照)。

「ネイティブ・スピーカーに聞く」では，日本に在住，あるいは各国 (アメリカ，イギリス，カナダ，オーストラリア) に在住のネイティブ・スピーカーからおもに e-mail を通して情報を得た。

「役に立つ情報を探す」では最近の文献だけでなく，1970 年代のものをはじめ古い文献にも目を通した。これは新しいものばかりに目を奪われず，先達の業績を洗い直すことが重要であるという私見に基づいている。たとえば，現在，隆盛を極めている認知意味論にしても，国語学者上田万年 (1867-1937) が 100 年以上も前に行なった講演筆記録にもその萌芽が見られるという報告もある (高増名代「上田万年の意義変化論」大阪千代田短期大学紀要, 2009)。私たちは「温故知新」という言葉の重みを改めて実感する必要がある。

本書の執筆に関しては，いろいろな方のお世話になった。まず，ホームページにブログの開設を快諾して頂いた開拓社の川田賢氏，ブログの段階でコメントを頂いた投稿者の皆さま，そして数多くの質問に答えてくださったネイティブ・スピーカー諸氏，以上の方々に心よりお礼申し上げる。

私は鋭意努力をして本書を執筆したが，思わぬところで誤謬を犯しているかもしれない。読者諸賢からのご助言を切にお願いする。

2011 年 (平成 23 年) 1 月

柏野　健次

目　次

まえがき　*v*

第 I 部　**語法・文法編** ………………………………………… *1*

　語法ファイル　*93*

第 II 部　**口語英語編** …………………………………………… *101*

　語法ファイル　*140*

第 III 部　**文化比較編** …………………………………………… *151*

　語法ファイル　*175*

参考文献 …………………………………………………………… *179*

索　引 ……………………………………………………………… *181*

凡　例

* 　容認できない文。
? 　容認度の低い文。
[　] 　文脈の説明や注意事項。
(　) 　省略可能。

Kashino Database とは

　2002 年から 2009 年の間に筆者が個人で作成したコンピュータ・コーパスである。2000 年前後に出版されたアメリカの小説が 74 冊，イギリスの小説が 31 冊，それに映画のシナリオ 177 編が含まれている。総語数は約 1500 万語である。

COCA Corpus, COHA Corpus とは

　COCA (Corpus of Contemporary American English) Corpus はアメリカの Brigham Young University の Mark Davies 教授が構築したアメリカ英語のコーパスである。(http://davies-linguistics.byu.edu/personal/)

　1990 年から 2010 年までの 20 年間，毎年，五つのジャンル (spoken, fiction, popular magazines, newspapers, academic) の英語から 4 百万語ずつ，合計 2 千万語を取り込み，現在，4 億 1 千万語のコーパスとなっている。今後も毎年 2 千万語ずつ追加される予定である。

　COHA (Corpus of Historical American English) Corpus は同氏が COCA に似た方法で構築した英語の歴史的な変化を知るためのコーパスである。1810 年代から 2000 年代に及ぶ 4 億語のアメリカ英語から構成されている。

第 I 部

語法・文法編

1 alone

　alone は語源的には「all (全くの) + one (一人)」のことであるから、一般に「一人で」と訳される。しかし、「示されている人以外に人はいない」という意味で用いられることも多く、必ずしも一人とは限らない。(2) では be alone with という形式に注意したい。

(1)　Mark and Hardy were *alone* in the waiting area.
(J. Grisham, *The Client*)
（マークとハーディは待合室で二人きりだった）

(2)　Fiona envied her for having a husband who loved her and wanted to be *alone* with her in an hotel in the countryside.　(R. Rendell, *Adam and Eve and Pinch Me*)
（フィオナは彼女がうらやましいと思った。彼女には彼女を愛し、田舎のホテルで二人きりになりたがっている夫がいるのだから）

なお、「全くの一人きり」は、all / completely / entirely / utterly alone などで表される。

(3)　"Tony had to fly to New Orleans on a location scout. He won't be back until the weekend, which means I'm *all alone* in the big city."
(J. Collins, *Hollywood Divorces*)
（「トニーはロケハンでやむなくニューオーリンズに飛んだわ。週末まで戻ってこないの。ということは、この大都会で私は一人きりっていうことよ」）

 ネイティブ・スピーカーに聞く

　あるオーストラリア人によると、?He is *very alone*. は認めない人が多いが、He feels *very alone*. は「自分は見捨てられて誰も助けてくれないと彼は感じている」という意味で可能であるという。

2 aloud と say (小説特有の用法)

　小説では，登場人物に発言させる場合，それが心の中のつぶやきか，声に出した言葉かの区別が明確に行われる。

　次の (1) の下線部は，アレキサンドラの心の中のつぶやきであり，aloud 以降は彼女が口にした言葉である。ここでは，吉田一彦『現代英語の表情』の言うように，登場人物の心中にある本音と口に出して発言する建前が対比されている。

(1) "And you haven't heard from him since?" "No." "He's probably busy." No one is that busy, Alexandra thought. *Aloud* she said, "Probably."

　　　　　　　　　　　　　　(S. Sheldon, *Master of the Game*)

（「そして，それから彼からは連絡がないのですね」「はい」「たぶん，忙しいのでしょう」誰もそんなには忙しくはないわ，とアレキサンドラは思った。しかし，彼女が口に出して言った言葉は「たぶんそうでしょう」であった）

　これに対して，(2) では，それまで考え事をしていたトレイシーがふと気がつけば相手がしゃべっていたという状況が say を過去進行形で用いることにより表されている。心中でつぶやいている人と口に出して物を言っている人が別人であることに注意したい。

(2) "Conrad Morgan. I do business with him from time to time." I did business with him once, Tracy thought grimly. And he tried to cheat me. "He's a great admirer of yours," *Gunther Hartog was saying*.

　　　　　　　　　　　　　　(S. Sheldon, *If Tomorrow Comes*)

（「コンラッド・モーガンのことですね。私は彼と時々仕事をしています」私は一度だけ仕事をしたことがあるわ，とトレイシーは苦々しく思った。そして彼は私をだまそうとしたわ。「彼はあなたの崇拝者です」気がつけばガンサ・ハートクがしゃべっていた）

3 It was already growing dark.

完了形と already はよく一緒に用いられるが，進行形と already が用いられることもある。その場合，出来事が予想外に早く進んでいることに対する話し手の驚きが表される。

(1) It *was already growing* dark outside and it had started to rain.   (B. T. Bradford, *Where You Belong*)
(外は早くも暗くなり始め，それまでに雨も降っていた)

(2) The play was going to be performed that Friday and Saturday, and lots of people *were already talking* about it.   (N. Sparks, *A Walk to Remember*)
(劇はその金曜と土曜に上演される予定だった。巷では早くも劇のことが話題になっていた)

ネイティブ・スピーカーに聞く

このほか副詞としては suddenly が進行形と用いられることがある。この場合は，前触れもなくある行為が始められたので話し手が驚いていることが表される。

(3) As she put her coffee cup down, she *was suddenly grinning* at him. "What are you smiling about?" he asked.
    (D. Steel, *Lone Eagle*)
(彼女がコーヒーカップを下に置くと突然，彼に向って歯を見せて微笑んだ。「どうして笑っているの？」と彼は尋ねた)

(4) "JeriLee, I love you." That broke the dam. *Suddenly she was crying*, her hands covering her face, her body shaking with sobs.   (H. Robbins, *The Lonely Lady*)
(「ジェリリー，愛してるよ」この言葉で彼女は感情を抑えられなくなった。突然，顔を両手で覆い，泣きじゃくって体を震わせた)

4 American English と British English

アメリカの作家でも小説がイギリスの出版社から刊行されるとアメリカ特有の単語がイギリス英語に変更されることがある。

たとえば，アメリカの作家 S. Sheldon 氏の *If Tomorrow Comes*（1985年出版）は，少し調べただけでもアメリカ版とイギリス版で apartment — flat / elevator — lift / purse — handbag（左側がアメリカ版で右側がイギリス版）のような違いが見られる。

次はその一例である。

(1) As Tracy walked toward the *elevator/lift*, a bespectacled rumpled-looking man turned abruptly away from the vitrine displaying Hermes scarves and crashed into her, knocking the *purse/handbag* from her hand.
（トレイシーがエレベーターへ向かっていると，メガネをかけた，しわくちゃの服を着た男がエルメスのスカーフを陳列しているケースの所から突然，こちらに来て彼女にぶつかり，彼女は手からハンドバックを落としてしまった）

ただし，Sheldon 氏自身がアメリカ版でイギリス英語と言われている luggage, barman, ground floor を使っている場合もある。

(2) Negulesco gave the order to the *barman*.
（ネグレスコはバーテンダーに注文を伝えた）

役に立つ情報を探す

このほか，赤野一郎「語法研究と資料」によると，別れ際の挨拶に用いられた Nice to meet you. が Nice meeting you. に換えられるなど構文レベル，あるいは内容に至るまで変更が施されることもあるという。

5 as if

「まるで...のようだ」という意味の as if は後に節をとる（e.g. He talks *as if* he knew everything.）だけでなく，to 不定詞，前置詞句，-ing 形，それに -ed 形をとることができる。

(1) Mae paused, and gave him a hard look. Bobby held up his hands *as if to say*, what can I do?

(M. Crichton, *Prey*)

(メイは黙り，厳しい目つきでボビーを見た。彼は「何か？」と言わんばかりに両手を挙げてみせた)

(2) "Hi," Miles said simply. Sarah stared at him *as if in shock*, unable to move her hand from the doorknob.

(N. Sparks, *A Bend in the Road*)

（[玄関先で] マイルズは「やあ」とだけ言ったが，サラはショックを受けたかのようにノブから手を離せないで彼をじっと見ていた)

(3) He nodded, waited a moment, *as if trying to think* of something further to say.　(S. Smith, *A Simple Plan*)

(彼はうなずいた後，少し黙った。次の言葉を考え出そうとしているかのようだった)

(4) "Do you trust me, Mark?" she asked. He looked at her *as if surprised* by the question. "Of course I trust you, Reggie."　(J. Grisham, *The Client*)

(「マーク，私を信頼しているの？」と彼女は尋ねた。その質問に驚いたかのように彼は彼女を見た。「もちろんさ，レジー」)

データベースを調べる

Kashino Database で as if を検索すると 6038 例検出された。このうち，as if の後に節が続いているものを除外すると，to 不定詞をとる例が一番多くて 298 例，次に in で始まる前置詞句で 108 例，続いて -ing 形（trying が最高頻度）で 46 例，最後に -ed 形

(surprised が最高頻度) で5例, という結果となった。

以下に, 前置詞句で in に続いて多く用いられていた by (出現数 36) と on (32) の例, さらに -ing 形で trying に次いで頻度の高かった reading (18) と waiting (15) の例を挙げておく。

(5) When the phone rang at the end of the following week and Alexandra heard his deep, husky voice, her anger dissipated *as if by magic*.

(S. Sheldon, *Master of the Game*)

(次の週末に電話が鳴り, アレキサンドラが彼の低いハスキーな声を聞いたとき, 彼女の怒りは魔法にかかったかのように消えた)

(6) *As if on cue*, both Sarah and Miles reached for the menus and read them quickly.

(N. Sparks, *A Bend in the Road*)

(合図でも送られたかのように同時にサラとマイルズは (レストランの) それぞれのメニューに手を伸ばし, 素早く目を通した)

(7) *As if reading* her mind, Jeremy changed the subject.

(N. Sparks, *True Believer*)

(ジェレミーは彼女の心を読んだかのように話題を変えた)

(8) Detective Hite now looked at him *as if waiting* for instructions. (K. Follett, *Code to Zero*)

(ハイト刑事は指示を待っているかのように彼を見ていた)

ちなみに, as though は Kashino Database の検索では, 1397例ヒットした。as if 対 as though の頻度は約8対2の割合である。どちらもほぼ同じ意味を表すので, どちらを使うかは小説に関する限り, 作家の好みによるようである。

as though の場合, 後に節が続いているものを除けば, to 不定詞の例が51, trying の例が14, from あるいは in で始まる前置詞句の例がともに六つ検出された。-ed 形はヒットしなかった。

6 as if he were seeing her for the first time

　これは，as if の前に look に代表される知覚動詞が用いられ，全体として「相手がいつもとは違う，驚くような言動をとったため，主語に示される人が相手をまるで他人であるかのように見ている」ことを表す場合によく使われる表現である。as if は as though のこともある。

(1) "I say we just forget about it." John looked at his wife. It was *as if he were seeing her for the first time*. She was more frightened and more calculating than he had ever thought.　　　　(H. Robbins, *The Lonely Lady*)
（「いやな出来事は忘れてしまえばいいと言っているのよ」と言われてジョンは「これは妻なのか」というような目つきで相手を見た。彼女は彼が思ってみなかったほど恐れていたし，また世間への対応を考えていた）［「いやな出来事」とはこの夫婦の娘が性的な暴力にあったことを言っている］

(2) "I was just trying to say that after seventeen years of marriage, or fifteen, or probably even ten, you can't expect a lot of romance." "Why not?" She looked at him squarely, and felt *as though she were seeing him for the first time*. "Why can't you have some romance after seventeen years?"　　　　(D. Steel, *Bittersweet*)
（「17年や15年，いや10年間でも結婚生活を送っていたら夫婦間にあまり恋愛感情など期待してはいけない，と言おうとしたんだよ」「どうして，期待してはいけないの？」と彼女は彼を真正面から見たが，まるで他人を見ているかのようだった。「17年たったらどうして恋愛感情を持てないの？」）

7 at と in

　場所を表す英語の前置詞を使う場合，話し手がその場所を点と捉えれば at が用いられ，空間として捉えれば in が用いられる。

(1)　"Where are you staying?"　"*At* the Hotel Ciceroni."
(S. Sheldon, *The Sky Is Falling*)
（「どこに泊まっているのですか」「シスロニホテルです」）
(2)　He's going in.　He's *in* the hotel.　(Assassins シナリオ)
（彼はホテルに入っていって，今，中にいるわ）

役に立つ情報を探す

　at と in の違いをもう少し詳しく述べると，たとえば，話し手が今，家にいて聞き手に「ジョンはどこにいるのか」を伝える場合，John is *at* the supermarket. と言える。しかし，話し手が今，実際にスーパーマーケットにいたり，あるいは，すぐその外にいる場合は，John is *in* the supermarket. と言うほうが遥かに自然である (D. Lee, *Cognitive Linguistics*)。

　これは，スーパーマーケットの中か，すぐ外にいれば話し手はそれを空間としてしか捉えられないのに対して，そこから離れていけばいくほど，話し手はスーパーマーケットを（地図上の）点と捉えやすくなるからである。

ネイティブ・スピーカーに聞く

　ネイティブ・スピーカーは，もし誰かとレストランで会う約束をする場合，I'll meet you *in* the restaurant. と in を使うと建物の中で会うことになるが，I'll meet you *at* the restaurant. と at を使うと，建物を点として捉えているため，会う場所がレストランの中か外かあいまいになり，問題が生じることもあるという。

8 back and forth

　back and forth の forth は forward/onward という意味であるから，back and forth は文字どおりには全体で「前後に」という意味を表すはずである。

　しかし，実際には「最初はある方向に，次に別の方向に，交互に」という意味で用いられる。この場合方向は問題ではなく，前後でも左右でもどの方向でもよい。

(1)　He looked *back and forth* between his two friends.

(R. Cook, *Invasion*)

　　　(彼の視線は二人の友人の間を行ったり来たりした)
(2)　Donnelly unhooked his phone, put down the coffee then sat in his office chair, rocking *back and forth*.

(L. LaPlante, *Royal Flush*)

　　　(ドンリーは受話器をはずし，コーヒーを置いた後，オフィスの椅子に深く座り，体を揺らした)
(3)　The flight had been miserable. He found himself squeezed into an economy section seat between two Italian ladies who chattered incessantly and kept passing pieces of fruit *back and forth* in front of him.

(H. Robbins, *The Inheritors*)

　　　(フライトはひどいものだった。彼は気がつけばエコノミーの席に押し込められていた。両隣にはイタリア人の女性がいて，二人はしゃべりずくめで，横から彼の前に手を伸ばしては何度も果物のやりとりをしていた)

ネイティブ・スピーカーに聞く

　あるアメリカ人は，たとえば The tennis ball goes *back and forth*. の場合，試合を見る話し手の位置に応じて，back and forth は「前後」という意味にも「左右」という意味にもなると言う。

9 I am going to be sixty in March.

1964年にイギリスの F. T. Wood が *English Verbal Idioms* という書物の中で I am going to be sixty in March. とは言わないと述べてから，日本では「年齢のような単純未来を表す場合に be going to を用いるのは誤り」というのが通説となっている。

しかし，これは現代英語では当てはまらず，次の例が示すように英米とも be going to は年齢を表す場合に用いられる。

(1) "Jo-Ann*'s going to* be eighteen years old before very long."　　　　　　　　　　　　　　(H. Robbins, *Raiders*)
 (「ジョアンはもうすぐ18になる」)[アメリカ英語の例]

(2) "Well, would you like to come to this party I'm going to? I mean, it's this friend of mine, she*'s going to* be twenty-one and she said to me to bring someone."

(R. Rendell, *The Rottweiler*)

(「私がこれから行くパーティに来ませんか。私の友達のパーティだけど，彼女が21歳になるお祝いで，誰かを連れてくるように言われているんです」)[イギリス英語の例]

特に，話し手の感情が表される場合には will ではなく，be going to が好んで用いられる。

(3) "I*'m gonna* be fuckin' fifty!"

(J. Collins, *Hollywood Kids*)

(「もう50だぜ。いやになるな」)

データベースを調べる

アメリカの新聞 (The New York Times) の website 上のデータベースを調べると，1926年という早い時期に I am going to be 40 years old. という例を見つけることができた。

10 belong

　動詞の belong は to を従えると I belong to the school baseball club. のように「所属している」という意味を表すが，in などの他の前置詞や here, there などの副詞が続くと「ふさわしい」(to have a correct place)「居心地がいい」という意味になる。

(1) "Your collection of paintings *belongs in* a museum."
　　　　　　　　　　　　　　(S. Sheldon, *Master of the Game*)
　　（［立派なものが多くあるので］「あなたの絵画のコレクションは美術館に置いておくべきですね」）

(2) "I want you to do this for me. It's very important to me, even if you feel like you don't *belong there*."
　　　　　　　　　　　　　　(N. Sparks, *The Wedding*)
　　（「どうか私のためにそうして［日曜日に教会へ行くこと］ほしいの。たとえあなたが教会は自分の来る所じゃないと思っても，これは私にとってとても大事なことなの」）

(3) I decided that night that I had found the place where I *belonged*.　　　　(H. Clinton, *Living History*)
　　（その夜，私はついに居場所を見つけたと思った）［この decide の表す意味については当該の項を参照］

　役に立つ情報を探す

　OED (第2版) によると，belong の「ふさわしい」「居心地がいい」という意味は，本来，アメリカ英語である。

　ネイティブ・スピーカーに聞く

　あるネイティブ・スピーカーによると，上記以外にも belong は人の出身地を言う場合にも用いられるという。

(4) I *belong to* Glasgow, in Scotland. [= I am from Glasgow.]

11　book と「予約する」

book は動詞として「テーブルを予約する」「部屋を予約する」「飛行機のフライトを予約する」などの意味でよく使われる。

(1) We'd come straight to the Hilton at Logan airport, and it had already been getting dark when we arrived. He had *booked* the room well in advance.
(A. McNab, *Liberation Day*)
(ローガン空港のヒルトンホテルまで直行したが，着いた頃にはすでに暗くなり始めていた。部屋は彼がかなり前から予約していた)

(2) "I've *booked* a flight this afternoon out of New Orleans."　　　(S. Brown, *White Hot*)
(「ニューオーリンズ発の今日の午後の便を予約した」)

(3) "*Book* me a table at Chasen's for three."
(J. Collins, *Hollywood Husbands*)
(「チェイスンに三人分のテーブルを予約してくれ」)

|役に立つ情報を探す|

アメリカの辞書 ALED は，この book はアメリカよりもイギリスで多く用いられ，アメリカでは，book よりも reserve や make a reservation for のほうが普通であると述べている。

ただし，X is booked (up) / X is booked solid / X is fully booked のような受身ではアメリカでもよく用いられる。

(4) "*The yacht is booked* for two weeks because Lorenzo wants to visit the Cannes Film Festival."
(M. Puzo, *The Last Don*)
(「ロレンゾがカンヌ映画祭を見たいと言ったのでヨットを2週間，予約しました」)

12　because の意味の but

but には "be sorry to do/that ..., but ～" の形式で用いられ，意味上，to do/that ... の理由を述べる because に相当する用法がある。

(1) "I'm sorry I haven't called you before, *but* I have been very busy."　　　　　　　　(H. Robbins, *The Storyteller*)
　　(「もっと早く電話できずにすまない。とても忙しかったのです」)

(1) は I'm sorry I haven't called you before, but I really don't have to say this, because I have been very busy. の意味で，この but は You are young, but I am old. などの対立を表す but とは異なる。

but の代わりにダッシュが用いられたり，but を全く省略してしまって文と文とのつながりから，この意味が表されることもある。

(2) "I am sorry I can't give you a drink — I haven't had time to do any shopping yet."　　　(U. Hall, *Secrets*)
　　(「飲み物を出せずにすまない。買い物の時間がなかったもので」)

(3) "I'm sorry I'm late. I had to stop for gas, and the station was jammed.　　　　　　(P. Benchley, *Jaws*)
　　(「遅れて申し訳ありません。ガソリンを入れようとスタンドに立ち寄ったのですが，混んでいたものですから」)

──ネイティブ・スピーカーに聞く──

この but が表す because の意味というのは，文脈から生じる語用論的な意味である。したがって，but を because で置き換えることはできない。

(4) *I'm sorry I haven't called you before, *because* I have been very busy. ［I'm sorry を省略すれば正しい文となる］

13　the city's main library

's で所有格を作ることができるのは，一般に the child's toy のように生物（多くは人間）の場合に限られるが，以下のような場合には無生物でも 's を用いて所有格を作ることができる（ジェイムズ・ウェブ『日本人に共通する英語のミス 151』）。

[I]　市，国，地域
 (1) The *city's* main library was located in the same block as the restaurant.　　　　(M. Connelly, *Echo Park*)
 (その都市の中央図書館はレストランと同じブロックにある)
 (2) *America's* first welfare program was introduced in the 1930s to help widows with children.
　　　　　　　　　　　　　(H. Clinton, *Living History*)
 (アメリカの最初の福祉プログラムは 1930 年代に子どもを抱えた未亡人を支援するために導入された)

[II]　乗り物
 (3) Bosch killed the *car's* engine
　　　　　　　　　　　　　(M. Connelly, *The Overlook*)
 (ボッシュは車のエンジンを切った)
 (4) She mounted the *bus's* steps, fumbling in her purse for the correct change.　　(J. Fielding, *Mad River Road*)
 (彼女は料金きっかりの小銭を探そうとハンドバッグをかき回しながらバスのステップを上った)

[III]　組織，場所名
 (5) Kim and Edward climbed into Edward's car in the *restaurant's* parking lot.　　(R. Cook, *Acceptable Risk*)
 (キムとエドワードはレストランの駐車場に停めてあるエドワードの車に乗り込んだ)

(6) Right now, the *government's* scientific activities are scattered all over the place.

(L. Sanders, *Tomorrow File*)

(現在では政府の科学的な活動の拠点はあらゆる所に散らばっている)

[IV] 時間
(7) "Have you seen *today's* paper?"

(B. Meltzer, *The Tenth Justice*)

(「今日の新聞，読みましたか」)

(8) Hampton then selected his wardrobe for the *evening's* performance. (L. Sanders, *Guilty Pleasures*)

(ハンプトンはそれから夜の公演用の衣装を選んだ)

役に立つ情報を探す

堀内克明・V. E. ジョンソン (*ST* Sept. 3, 2010) はこの問題を取り上げ，以下のように述べている。

たとえば，「自転車のかご」を英語に直す場合，次の三とおりの言い方が可能である。

(ア) my bike's basket ［頻度は低いが使用が増加中］
(イ) the basket of my bike ［標準とされるが頻度は低い］
(ウ) my bike basket ［会話で最も普通］

このうち，歴史的に一番古いのは(ア)の言い方で，(イ)は11世紀以降，用いられ出したものである。最近では(ウ)が好まれるが，特にアメリカの口語やジャーナリズムでは(ア)の言い方が復活してきている。

14　climb down

　climb は「手足を使って苦労して動く」という意味であるから，動く方向は上だけでなく，下でも横でもよい。この点で日本語の「のぼる」とは異なる。ここでは，特に (2) のように climb down と言える点に注意したい。

(1)　Osani *climbed* the ladder to the top while his partner remained below.　　　　　(M. Connelly, *Echo Park*)
（オサニは相方が下で待っている間に梯子で上までのぼった）

(2)　Joe *climbed down* off the truck and joined us.
　　　　　　(L. Goldberg, *Mr. Monk Goes to the Firehouse*)
（ジョーはトラックから降りて私たちに合流した）

(3)　After dinner, at seven o'clock, they all *climbed* into the car.　　　　　(H. Robbins, *The Predators*)
（夕食後，7時に彼らはみんな車に乗り込んだ）

(4)　He *climbed* out of bed and headed straight for the bathroom.　　　　　(J. Archer, *False Impression*)
（彼はベッドから出ると，まっすぐトイレへと向かった）

　ネイティブ・スピーカーに聞く

　あるネイティブ・スピーカーは，climb は，のぼるのに自分の力を使うという意味であるから，乗り物に乗ってのぼる場合には (5) のように climb ではなく，go up を使うと言う。ただし，乗り物が主語の場合は，(6) のように言うことができる。

(5)　We *went up* the mountain on the cable car.
（ケーブルカーに乗って山にのぼった）

(6)　The truck slowly *climbed* the hill.
（トラックはゆっくりと丘をのぼっていった）

15 compliment と flattery

一般に，compliment は「ほめ言葉」という意味で誠実さを表し，flattery は「お世辞」という意味で不誠実さを表す。

(1) "I keep forgetting how old you are." She laughed. Raja was twenty-six, Judy was thirty-six. "I'll take that as a *compliment*."　(K. Follett, *The Hammer of Eden*)
([話をしていると]「いつも，あなたの年を忘れるわ」彼女は笑った。ラーヤーは 26 でジュディは 36 だった。「それって，ほめ言葉よね」)

(2) She wasn't going to respond to his *flattery*, she decided. Nonetheless, she felt herself blushing.
(N. Sparks, *True Believer*)
([ほめられても] 彼女は彼のお世辞には返答しないでおこうと思った。それでも，気がつけば彼女は赤面していた)

各種英英辞典の compliment の項には「お世辞」の意味は掲載されていないが，ときに，それに近い意味でも用いられる。

(3) "You're a very determined woman." "Thank you." "I didn't mean it as a *compliment*."　(S. Brown, *Envy*)
(「あなたって意志の強い女性ですね」「それはどうも」「お世辞じゃありませんよ」) [I'm not trying to flatter you. という意味]

(4) Meg:　I'd like us to become friends.
　　John:　We already are, aren't we?
　　Meg:　Not if you keep flattering me and paying me silly *compliments*.　(A Good Woman シナリオ)
(メグ：「友達になりたいんです」 ジョン：「もう友達じゃないか」 メグ：「そうして私に何度もお世辞を言ったり，つまらないほめ言葉を言わなければね」)

16 (on) the day Kennedy was shot

これは，the day という時を表す名詞句の前にある前置詞 on が落ちた結果，the day が接続詞化したものである。

(1) We moved into this house *the day* Kennedy was shot.
(J. Maynard, *To Die for*)
(ケネディが銃弾を浴びた日に私たちはこの家に引っ越してきた)

(2) "I left home *on the day* I turned eighteen. I came to LA because I was a good writer and I wanted to write TV and movie scripts." (C. Coulter, *Eleventh Hour*)
(「18歳になった日に家を出た。文を書くのが得意だったし，テレビや映画の台本を書きたかったのでロサンゼルスにやって来た」)

ほかの時を表す名詞の場合も同様で，次は the night が接続詞化して文頭に用いられた例である。

(3) *"The night* he was born I saw a remarkable falling star." (C. McCullers, *Clock without Hands*)
(「彼が生まれた日の夜にすばらしい流れ星を見たわ」)

さらに，完全に接続詞化した時を表す名詞句としては，as soon as と近い意味を表す the instant, the moment, the minute などがある。

(4) *The minute* the owner of the store saw him, he said excitedly, "Do you have your lottery ticket with you?"
(S. Sheldon, *The Million Dollar Lottery*)
(店のオーナーは彼を見かけた途端に興奮して言った。「今，宝くじを持っているのか」)

17 dead tired

　英語には dead tired/drunk, fast asleep, wide awake/open のように特定の形容詞と結びつく一群の程度副詞がある。

(1)　She was *dead tired*, dispirited, and had a throbbing headache.　　　　　(L. Howard, *Cry No More*)
（彼女は疲れきっていて，気分も落ち込んでいたし，頭が痛く，ずきずきしていた）

(2)　Licia was *fast asleep* and she didn't want to waken her.
　　　　　　　　　　　　　(H. Robbins, *The Lonely Lady*)
（リチアはぐっすり寝込んでいたので起こしたくないと思った）

(3)　She was *wide awake* by the time she stepped out of the shower.　　　　　(J. Archer, *False Impression*)
（シャワーから出る頃には彼女はすっかり目が覚めていた）

「データベースを調べる」

　COCA Corpus の検索では dead と連語する形容詞で最も頻度が高いのは wrong であり，その後に serious, set（determined の意味），white と続く。tired や drunk は意外と頻度が低く，それぞれ5位と7位であった。wide の場合は，open や awake との結びつきが目を引く。fast では asleep と連語することが群を抜いて多い。

　このほか，stark naked や pitch black などの連語が見られる。

(4)　To Jean's astonishment he was *stark naked*.
　　　　　　　　　　　　　(J. Elbert, *Red Eye Blues*)
（ジーンの驚いたことに彼は素っ裸だった）

(5)　The bedroom was *pitch black*.　　(P. Anderson, *Nurse*)
（ベッドルームは真っ暗だった）［pitch は副詞ではなく名詞］

18　do the -ing

くだけた英語では，do the -ing は具体的な日常の活動について述べる場合に使われる。

(1)　"I've come to *do the talking*, not *the listening*."
　　　　　　　　　　　　(B. T. Bradford, *Where You Belong*)
　　（「話をしに来たんだ。話を聞きに来たんじゃない」）

(2)　"You've been with the Sullivans how long now?" "A little over a year." "You *do the cleaning* and?" "I help *do the cleaning*. There's four of us, Sally, Rebecca and me. Karen Taylor, she *does the cooking*.
　　　　　　　　　　　　(D. Baldacci, *Absolute Power*)
　　（「サリバン家に仕えてどれくらいになる？」「一年と少しです」「掃除をしたり，それから？」「掃除も手伝っています。使用人が四人いますが，掃除はサリーとレベッカと私でしています。カレン・テイラーは食事の担当です」）

│ データベースを調べる │

Kashino Database で頻度を調べると，do the talking が一番多く，do the shopping, do the cooking, do the driving と続く。

(3)　Then I went to *do the shopping* because with Ellen staying over, we'd need some extra supplies.
　　　　　　　　　　　　(M. Crichton, *Prey*)
　　（エレンが泊まるので，追加の食料などの買い出しに行った）

│ ネイティブ・スピーカーに聞く │

ネイティブ・スピーカーによっては，(3) に挙げた do the shopping と類似表現の go shopping は意味が異なり，前者はパン，ミルク，果物などの食べ物を買いに行くことで，後者はもっと一般的に食べ物，服，CD などを買いに行くことを表すという人もいる。

19 due to

　due (to) は一般に形容詞として用いられるので，be 動詞の後にくる。しかし，(2) のように due to を副詞的に owing to と同義に用いる人も次第に増えてきている。

(1) They thought the migraine was *due to* stress or tiredness. 　　　　　　　　　　　(C. Ahern, *P.S. I Love You*)
（偏頭痛はストレスか疲れのせいだと彼らは思った）

(2) The train arrived in Paris an hour and a half late *due to* the pouring rain. 　　　(H. Robbins, *Goodbye, Janette*)
（列車は豪雨のため1時間半，遅れてパリに到着した）

ネイティブ・スピーカーに聞く

　ただし，まだこの due to の副詞用法には反対する向きもある。あるイギリス人は，due to は (3) のように owing to と同じ意味を表すと主張するのに対して，別のイギリス人は，due to は (4) のように caused by と同義で，owing to は (5) のように because of と同義であるとコメントしている。

(3) The road was closed *due to / owing to* difficult conditions.
（問題が発生したため道路は封鎖されている）

(4) The cancellation of the flight was *due to / caused by* high winds.
（フライトがキャンセルされたのは暴風のためだった）［due to は be 動詞の後にきて形容詞として用いられている］

(5) The flight was cancelled *owing to / because of* high winds.
（フライトは暴風のためキャンセルされた）［owing to / because of は副詞的に使われている］

20　elder brother/sister

　筆者は，中学校（1960年代前半）のとき，弟／妹は younger brother/sister と言うが，兄／姉は elder brother/sister と言い，older brother/sister は誤りだと習った。

　しかし，今日では older brother/sister という表現も多く使われている。これはアメリカ英語に限ったことではなく，(2) に見られるようにイギリス英語の場合にも当てはまる。

(1) But he was always concerned about her, like an *older brother*.　　　　　　　　(D. Steel, *Impossible*)
（しかし，彼は兄のように彼女のことをいつも気遣っていた）

(2) My aunt was my grandparent's only daughter, my father's *older sister*.
(B. T. Bradford, *Where You Belong*)
（私のおばは祖父母の一人娘で父の姉に当たる）

　データベースを調べる

　Kashino Database の検索では older brother は 52 例ヒットしたが，elder brother のヒット数はわずか 11 例であった。また，older sister は 37 例検出されたが，elder sister は 1 例のみしか見いだせなかった。

　ここから，今日ではむしろ older brother/sister のほうが elder brother/sister よりも多く使われていることが分かる。

　ちなみに，同じ調査では「兄」を表す英語として big brother が older brother と同じくらいの頻度で使われており，「姉」の英語として big sister が older sister の半分くらいの頻度で使われていた。

(3) She smiled at her *big sister*.　(C. Ahern, *P.S. I Love You*)
（彼女は姉に微笑みかけた）

21　familiar

　familiar は「よく知っている」という意味と「少しは知っている」という二つの意味を表す。多くの場合，(1) のように名詞の前に用いられると「よく知っている」という意味になり，(2) のように動詞の後に用いられると「少しは知っている」という意味になる。

(1) Opening the garage door, he was all ready to take a spin when he heard a *familiar* voice.

(G. Gipe, *Back to the Future*)

（ガレージのドアを開けて，彼が軽くドライブに出かけようとしたら，聞き慣れた声を耳にした）

(2) Kyle had often wondered who she was but had never woken up the courage to ask. The voice seemed *familiar* but he couldn't definitely place it.

(D. Baldacci, *Hour Game*)

（彼女は誰だろうとカイルは何度も思ったが，聞くだけの勇気はなかった。声は聞いたことはあったが誰だか思い出せなかった）

　名詞の前で「少しは知っている」の意味を表すには，familiar の前に vaguely を付け，動詞の後で「よく知っている」の意味を表すには familiar の前に very を付ければよい。

(3) She recognized Colonel Hide and another *vaguely familiar* face from Cape Canaveral.

(K. Follett, *Code to Zero*)

（彼女はハイド大佐と，それにケープ・カナベラルから来たという見たことのある顔がいることに気づいた）

(4) "Are you sure we've never met before? Your face seems *very familiar* to me."

(D. Silva, *A Death in Vienna*)

（「以前に会ったことはありませんか。顔に見覚えがあるのですが」）

22 fight と「口論」

 一般に「口論」に当たる英語は quarrel であり,「(暴力を伴う)けんか」は fight である。しかし, アメリカ英語を中心に「口論」のことを fight と言う場合がある。したがって,(1) のように電話で fight することも可能である。

(1) "Evan and I had a *fight* on the phone."

(J. Collins, *Hollywood Wives*)

(「エバンと電話でけんかしたの」)

 fight が「口論」の意味か「(暴力を伴う)けんか」の意味かであいまいになる場合は, verbal や physical という言葉を添えて区別される。

(2) "I take it these *fights* were *verbal*, rather than *physical*? That is, Mr Savalas never struck his wife?"

(S. Sheldon, *Memories of Midnight*)

(「そのけんかというのは(暴力を伴う)けんかではなく, 口論という意味にとっていいのですか。つまり, サバラスさんは奥さんを殴ったことがないということですか」)

 ネイティブ・スピーカーに聞く

 あるイギリス人は,「口論」を表す quarrel は最近ではあまり用いられなくなったが, fight には「(暴力を伴う)けんか」という意味もあるので, quarrel を使うほうがいいと言っている。

 役に立つ情報を探す

 アメリカの ALED (2008 年発行) には, fight の項に quarrel の意味が載っている。

23　more fun

　普通，比較変化をするのは形容詞と副詞 (tall, taller, tallest / fast, faster, fastest) であるが，fun「楽しみ」という語は名詞であるが例外的に比較変化をする。ただし，確立した語法ではない。

(1)　"Sports are *more fun* if you're good at them."
　　　　　　　　　　　　　　　　　　　(K. Follett, *Whiteout*)
　　（「スポーツというのは得意であればもっと面白い」）
(2)　"Last night was *the most fun* I've had in years."
　　　　　　　　　　　　　　　　　　　(D. Baldacci, *Hour Game*)
　　（「昨夜はここ数年にないくらい楽しかった」）［この in については当該の項を参照］

[ネイティブ・スピーカーに聞く]

　同様に，程度の高さを言う場合には，a lot of fun, great fun, very much fun のように言うのが普通であるが，very fun が使われることもある。ただし，ネイティブ・スピーカーにより，感じ方が異なり，「very fun は子どもの言葉である」「くだけた話し言葉である」「アメリカ英語である」のようにさまざまな声が聞かれる。

　このように，fun は次第に形容詞化しているため，名詞を修飾した次のような言い方も散見される。これも容認性の点でネイティブ・スピーカーの間では食い違いが見られる。

(3)　That was a *fun party*.
(4)　We had a *fun time* last night.

　なお，形容詞の funny は「人を笑わせる」という意味であるから，It was great fun.（大変，楽しかった）と It was very funny.（すごく，おかしかった）は意味が異なる。

24 go for a walk

go for a X は,「ある行為 X をしに行く」という意味を表すが, X には仕事ではなく, 遊びの要素が強い行為がくる。

(1) "I'm *going for a walk*." (K. Follett, *Hornet Flight*)
(「散歩に行ってくる」)

(2) "I thought maybe we could *go for a drive*," he said.
(S. Smith, *A Simple Plan*)
(「ドライブに行きませんか」と彼は言った)

(3) "I'm going to *go for a run*," said Michele. "Why don't you come with me?" (D. Baldacci, *Hour Game*)
(「ちょっと, ひと走りしてくる」とミケイレイが言った。「一緒にどうですか」)

│ データベースを調べる │

Kashino Database の検索では, go for a X の X の部分には walk が用いられることが圧倒的に多く, 続いて drive, run, ride, swim の順となっている。COCA Corpus の検索でもほぼ同じ結果であった。

│ ネイティブ・スピーカーに聞く │

あるイギリス人は, go for a walk と go walking を比べると, 前者は短時間のリクレーション的な散歩を暗示するが, 後者はスポーツとしての walking の意味になると言っている。

(4) I'm tired of sitting in front of the TV. I'm going to *go for a walk* around the block.
(テレビの前に座っているのに飽きたので近くを散歩してくる)

(5) We're going to *go walking* in the mountains this weekend.
(私たちは今週末に山にウォーキングに行く)

25 I was graduated from college.

「(学校を)卒業する」は英語では graduate from school と言うが，ときに be graduated from school の形式も見られる。

(1) My sister *was graduated from* college.
(L. Sanders, *Guilty Pleasures*)
(妹は大学を卒業した)

(2) She *was* even *graduated from* the Sorbonne before the war.　　(H. Robbins, *Goodbye, Janette*)
(おまけに彼女は戦前にソルボンヌ大学を卒業していた)

ネイティブ・スピーカーに聞く

あるアメリカ人は，be graduated from は現代のアメリカ英語ではないと言っている。また別のアメリカ人からは，(5)の形式も加えた上で，各例について以下のようなコメントをもらった。

(3) He *graduated from* college.
［正しい普通の言い方］

(4) He *was graduated from* college.
［正しいが，頻度は低く，古風］

(5) He *graduated* college.
［正しくないが，ときにくだけた口語で用いられる］

データベースを調べる

Kashino Database の検索では，graduated from は 64 例，was graduated from は 3 例，graduated school は 11 例ヒットした。graduated school の例が意外と多く検出された。

(6) It had been ten years since he'd *graduated high school*.
(A. Fawer, *Improbable*)
(彼が高校を出て 10 年がたった)

26 hardly, rarely と seldom

この三語は準否定という点で似たような意味を表す。

(1) Kit could *hardly* believe his luck.　　(K. Follett, *Whiteout*)
（キットは自分の運の良さが信じられなかった）

(2) "My husband *rarely* drinks coffee."

(C. Coulter, *Blow Out*)

（「主人はめったにコーヒーを飲みません」）

(3) She *seldom* used Scots words.

(I. Rankin, *A Question of Blood*)

（彼女はスコットランドの言葉はめったに使わなかった）

> ネイティブ・スピーカーに聞く

seldom は時間の意味を表す副詞で often の反対語である。ただ，口語では seldom よりも同じ時間の意味の rarely のほうがよく使われる。

一方，hardly は時間の意味ではなく，程度（only slightly）の意味を表す。

(4) The train is *often/seldom* late.
(5) The train is *rarely* late.
(6) I *hardly* know him. = I know him *only slightly*.

しかし，hardly ever では，seldom や rarely と同じように，時間の意味を表すようになる。hardly ever は口語では rarely よりもよく用いられる。

(7) "I looked after him. But he *hardly ever* talked about Weimar."　　(F. Forsyth, *The Deceiver*)
（「彼の世話をしていたけど，彼がバイマーのことを口にしたことはほとんどなかった」）

27 make haste と in haste

筆者は，高校時代（1960年代半ば）に make haste（急ぐ）や in haste（急いで）という表現を教室で習った。実際，1972年に出版された英和辞典には以下の例が掲載されている。

(1) He *made haste* to run away.
（彼は急いで逃げた）
(2) She left *in great haste*.
（彼女は大急ぎで立ち去った）

しかし，2007年発行の辞書 MED には，in haste は「考えも計画もなしに，あまりにも早急に」という定義が例文とともに挙がっているが，make haste は hurry の意味の「古い言い方」とあるだけで，それ以上の情報は見当たらなかった。

<u>ネイティブ・スピーカーに聞く</u>

あるオーストラリア人に尋ねてみると，make haste は上記の英英辞典の記述を裏付けるかのように，古風で教会の言語のように聞こえるという答えが返ってきた。また，in haste は古風ではないが，少し文語的であるという。

したがって，上の (1) は He ran away immediately. と言い換えるのが普通であり，また (2) は She left in a big hurry. と言い換えるのが今日の英語では自然ということになる。

<u>データベースを調べる</u>

イギリスの新聞（The Times）の website 上のデータベースで，この二つの表現の使用状況を調べると，in haste が 281 例ヒットし，make haste（動詞の変化形も含む）は 64 例ヒットした。COCA Corpus の調査でも in haste が make haste の 2 倍使われていた。

28 「ちがいない」の意味の have (got) to

have to と have got to (have to より強調的で感情的) はともに「…しないといけない」という意味のほか,「…にちがいない」という意味でも使われる。

(1) "I'll let you alert security," I said. "The media's already in the parking lot." "You *got to* be kidding. This early?" (P. Cornwell, *Unnatural Exposure*)
(「セキュリティに知らせたほうがいい」と私は言った。「もう報道陣が駐車場に来ている」「ウソだろ。こんなに早くか」) [got to = have got to]

have (got) to に「…にちがいない」という意味があるのは今ではよく知られているが,日本では,1980年頃に大修館書店『英語教育』誌の Question Box で,この問題が取り上げられ,一般に知られるようになった。英和辞典にこの意味が載り始めたのもこの頃である。

これは比較的新しい用法で,本来アメリカ英語であるが現在ではイギリスでも用いられている。以下にはイギリスの例を挙げる。

(2) "They think they can cause an earthquake. They *have to* be crazy!" (K. Follett, *The Hammer of Eden*)
(「奴らは地震を引き起こせると思っているんだ。頭がおかしいよ」)

[データベースを調べる]

イギリスの新聞 (The Times) の website 上のデータベースで,have to be joking と入力して検索すると10例ヒットした。

この意味の have (got) to と must の比較については,柏野健次『英語助動詞の語法』の pp. 130–141 を参照。

29 hiking と picnic

　筆者が子どもの頃には，日本語の「ハイキング」と「ピクニック」は同じような意味で使っていたように思うが，英語では明確に区別されている。

　hiking は山や田舎を長距離歩くことで，picnic は家から離れた野外（公園，海岸，田舎）で食事をすることである。

(1)　It was a beautiful, sunny day. Richard had arranged for a *picnic* in the middle of Central Park.
　　　　　　　　　　(S. Sheldon, *Are You Afraid of the Dark?*)
　　（その日はとてもよく晴れた，天気のいい日だった。リチャードはセントラルパークの中でピクニックをする準備を整えていた）

(2)　"Well, about three fifteen this afternoon, the state police regional headquarter in Ray Brook got an anonymous call from a man who said he was *hiking* in the woods and saw a body lying on a trail."
　　　　　　　　　　　　　　　(N. DeMille, *Wild Fire*)
　　（「えっと，今日の午後，3時15分ごろ，レイ・ブルックの州警察署に匿名の電話があった。森でハイキングをしていた男性が道で死体を発見したとのことだ」）

|ネイティブ・スピーカーに聞く|

　あるネイティブ・スピーカーによると，普通，家の庭で食事をすることは picnic とは言わないという。

　庭で食事をする場合，肉の料理があれば，それは barbecue と呼ばれる。

(3)　We had a *barbecue* in the yard.
　　　［yard については当該の項を参照］

30 if 節と二つの行為の同一性

 if 節で表された行為 X が実質的に Y をすることになるとき，Y に進行形を用いることがある。特に論文調の文章に多い（毛利可信『意味論から見た英文法』）。この場合，進行形の -ing は動名詞に近づいているという考え方もある。

 以下の例では，doing that = breaking the law, あるいは saying that ... is wrong = following a prescriptive rule というように二つの行為の同一性が表されている。

(1) "If you did that, you'd *be breaking* the law, not just a hospital rule."　　　　　　　　　　　(R. Cook, *Terminal*)
（「そんなことをしたら，病院の規則だけではなくて法律を犯すことになるわ」）

(2) If people say that *less people* or *different to* is wrong, they *are following* a prescriptive rule.

(M. Swan, *Practical English Usage*)

（もしある人たちが less people や different to という表現は誤りだと言ったとすれば，その人たちは規範的な規則に従っていることになる）

 同じような現象が完了形の場合にも見られる。次の (3) では seeing one church = seeing all churches というように二つの行為の同一性が表されているが，この場合には，主節も従属節も完了形が用いられていることに注意したい。

(3) "Have you ever been to Milan?" "No. I've seen pictures of the cathedral there. It's lovely." "I'm not much of a sight-seer. My theory is that if you*'ve seen* one church, you*'ve seen* them all."

(S. Sheldon, *Rage of Angels*)

(「ミラノに行ったことはありますか」「いいえ，でもミラノの大聖堂の写真は見たことがあります。とてもきれいです」「私は観光するのはあまり好きじゃない。教会は一つ見たら全部見たのも同然，というのが私の持論なんです」)

さらに，少し特殊な形式として (4) のようなものがある。(4) では表面上は「雨がトタン屋根に当たる音を聞くまでは本当に人生を送ったことにはならない」と言っているが，実質上は，living = hearing the rain というように二つの行為の同一性を述べている。

(4) "And a tin roof. You *haven't lived* until *you've heard* the rain coming down on a tin roof. It's the most romantic sound in the world."　(N. Sparks, *At First Sight*)
(「そしてトタン屋根ですね。雨がトタンの屋根に当たる音を聞くまでは本当に人生を送ったことにはならない。それはこの世で一番ロマンチックな音色ですよ」)

完了形の場合については，柏野健次『テンスとアスペクトの語法』の pp. 193-195 を参照。

|ネイティブ・スピーカーに聞く|

ネイティブ・スピーカーによると，たとえば (1) の場合，主節に進行形を用いないで，次のように言うことも可能である。

(5) If you did that, you'*d break* the law, not just a hospital rule.

(6) If you do that, you'*ll break* the law, not just a hospital rule.

(7) If you do that, you *break* the law, not just a hospital rule. 　[(7) は一般的な原則を述べている]

31　if 節と will

　if 節の中には will は使えないと言われるが，ペーパーバックを読んでいると，ときに if 節の中に will が用いられた例を見かける。これには次の二つのタイプがあり，ともに決まり文句となっている。

[I]　will が if 節の主語の意志を表すとき。if you will excuse ... の形式をとることが多い。

(1)　"Now, *if* you*'ll* excuse me, I have to get back to work."
　　　　　　　　　　　　　　　　　　　　　　(R. Cook, *Toxin*)
　　(「もしよろしければ，仕事に戻らないといけないのですけど」)

[II]　if it will (make) ... の形式で用いられるとき。

(2)　"But I'll tell you what we might do *if* it*'ll* make you feel a bit easier."　　　　(R. Dahl, *My Uncle Oswald*)
　　(「でもそれで少し気が楽になるのでしたら，私たちが何をするか言っておきましょう」)

(3)　"I want you to go to a doctor tomorrow." "All right, I'll go to a doctor *if* it *will* make you happy," Paul muttered.　　　　　　　　(J. Collins, *Lovers and Gamblers*)
　　(「明日，医者に診てもらいなさい」「分かったよ。それで気が済むのなら医者に行くよ」とポールはつぶやいた)

| 役に立つ情報を探す |

　[II] は if と it の間に you think を補って考えればよい。M. Hewings, *Advanced Grammar in Use* は次の例を挙げている。

(4)　You're welcome to borrow my old bike, *if* you think it *will* be of any use to you.
　　(役立つとあなたが思うのなら，私の古い自転車を使ってもいいよ)

第 I 部　語法・文法編

32 if と when (1)

　when は未来の出来事が起きることがはっきりしている場合に使い，if はそうではない場合に使うのが原則である。

　次の二つの例は，それぞれ when と if が対照的に用いられているが，(1) は行方不明の娘を思う父親の発言で，(2) は恋人同士が飛行機事故に遭い，不時着したときの二人の対話である。

(1) "*If* I find her, *when* I find her — I'd rather put it that way — I'm going to take her out of all this."

(A. Christie, *Third Girl*)

（「もし娘が見つかったら，いや娘が見つかったときにと言っておきましょう。あの子をここから連れ出してやります」）

(2) "*If* we ever get out of this …" "Don't say *if* — say *when*." "*When* we get out of this … What do you want to happen with us, Al?"

(J. Collins, *Lovers and Gamblers*)

（「もしここから出られたら...」「もしって言うな。出られたとき，と言え」「出られたとき...アル，二人で何がしたい？」）

次のように，if and when の形式で用いられることもある。

(3) "Let's go directly to the lab," Sterling said. "I'd like to be there *if and when* Mr. Murphy breaks in."

(R. Cook, *Terminal*)

（「直接，実験室に行きましょう」とスターリングは言った。「マーフィが（機密文書を盗みに）押し入る前に着きたいから」）

ネイティブ・スピーカーに聞く

　ただし，あるオーストラリア人によると，*If / When* I tell you to stop complaining, I mean what I say. のように「習慣的な事柄」には if も when も使えるという。

33 if と when (2)

if 節と when 節は，通例文頭で用いられるが，(1) や (2) のように主節に後置されることもある。

(1) "I'll call *if* there's any change," Tracy said. "I'll either be here or at home," Kim said. Kim hung up the phone.　　　　　　　　　　　　　　　　(R. Cook, *Toxin*)
(「何か変化がありましたら電話します」とトレイシーは言った。「ここか，家にいます」とキムは答え，電話を切った)

(2) "Don't ask, I'll explain *when* you get here!"
(S. Pottinger, *The Boss*)
(「何も聞くな。会ってから説明するから」)

役に立つ情報を探す

D. Bolinger は "Linear Modification" という論文の中で，(ア) *If* you come, I'll help you. と (イ) I'll help you, *if* you come. を比較し，前者では話し手は相手が来ると思って招待の気持ちを込めて発言しているのに対して，後者では「(来るかどうか不明で)相手が来た場合に限り手伝う」(I'll help you *only if* you come.) という含意があると指摘している。

when を用いた (ウ) *When* you come, I'll help you. と (エ) I'll help you, *when* you come. の場合も同様で，(エ) では「相手が来るまでは手伝わない」という含意があると述べている。

ネイティブ・スピーカーに聞く

上記の点をネイティブ・スピーカーに確かめてみると，あるオーストラリア人は Bolinger 氏の意見を認めた上で，「if 節と when 節が後置された (イ) と (エ) では，ともに話し手は相手は来る気がないと思って発言している」とコメントしている。

第 I 部　語法・文法編

34 if not for X

「X が(い)なかったら」と言う場合，If it were not for the snow, we could climb the mountain. や If it had not been for your help, I could never have done it. のように，帰結節の動詞の形式に応じて if it were not for X や if it had not been for X が用いられる。

このほか，主語の it と述語動詞を省略した if not for X も使われることがある。この場合には，帰結節の動詞の形式との一致は考える必要はなく，その点で but for や without に似た働きをする。

(1) "You had a gun. *If not for* that, I would have punched your ugly head."　　　　　　　　(K. Follett, *Hornet Flight*)
（「お前は銃を持っていた。もし持っていなかったら，その汚い顔に一発，パンチをくらわしていただろうよ」）

(2) "*If not for* you, I'd be on death row."

(S. Brown, *The Crush*)

（「あなたがいなかったら，死刑を待つ身になっていたでしょう」）

|役に立つ情報を探す|

吉田一彦『現代英語の表情』は，if not for は広範囲に使われていて，省略という意識は非常に希薄であり，ソフトで口当たりのやわらかい表現であると指摘している。if not for の使用頻度は COCA Corpus で検索すると，年代を追うごとに増えてきている。

|ネイティブ・スピーカーに聞く|

あるネイティブ・スピーカーによると，「without と but for と if not for を文体の点から比べると，without は，ごく普通に口語で使われる。if not for は，これよりも文語的であるが，それでも口語で用いられる。but for は最も文語的で，口語ではまず使うことはない」という。

35　She wondered if he were awake.

　if 節の中に動詞の were が用いられるのは if が仮定法のマーカーとして働き,「もしも」という意味を表すときである。しかし,次のように if が「...かどうか」という意味を表している場合でも, was ではなく, were が使われることがある。

(1)　She wondered if Edward *were* awake too.

　　　　　　　　　　　　　　　　(A. Brown, *Family Trust*)

　　(エドワードも起きているのかと彼女は思った)

(2)　"You didn't ask me. You only asked if I *were* sure there would be a flight." 　　(H. Robbins, *The Pirate*)

　　(「そんなことは聞かれていません。私が聞かれたのは飛行機の便があるかどうかということだけです」)

　このような現象は過剰矯正 (hypercorrection) と呼ばれる。文法を意識するあまりにかえって間違った, きどった英語を作ってしまうものである。上の (1) と (2) では, 話し手は仮定法を過剰に意識して were を誤って使っているわけである。

[役に立つ情報を探す]

　The Oxford Dictionary of English Grammar は, 過剰矯正として上記の仮定法のほかに, 次のような代名詞の例を挙げている。

(3)　That's a matter for John and *I* to decide.
　　　[前置詞の後なので for John and me とする]
(4)　She mentioned some people *whom* she thought were cheating her.　[主格なので whom を who に換える]

36 become ill/sick

「病気になる」という日本語に当たる英語は，become ill/sick, fall ill/sick, be taken ill/sick, get ill/sick の四とおりがある。

(1) "And he *became ill* after that?"　　　(I. Wallace, *Word*)
(「その後，彼は体調を崩したのか」)
(2) She saw those around her *fall ill* and die.
(S. Sheldon, *Master of the Game*)
(彼女は周りの人間が病気になり死んでいくのを何度も見た)
(3) "Monsieur has *been taken ill*."　　　(U. Hall, *Secretes*)
(「ムッシュの体の調子が急に悪くなった」)
(4) "One of the guards *got sick*."　(I. Johansen, *Body of Lies*)
(「ガードマンの一人が病気になってしまった」)

ネイティブ・スピーカーに聞く

あるオーストラリア人は「become ill/sick は普通の言い方で，fall ill/sick はいくらか文語的で古風である。また，be taken ill/sick は少し堅苦しい言い方だが，中でも ill のほうがよく使われる。ともに突然の病気を暗示する。get ill/sick では get sick は少し口語的で get ill はあまり普通ではない」とコメントしている。

データベースを調べる

アメリカの新聞 (The New York Times) とイギリスの新聞 (The Times) の website 上のデータベースを使い，それぞれの動詞を過去時制にして頻度順を調べると以下のような結果となった。

アメリカ： got sick＞became ill, fell ill＞became sick＞got ill＞fell sick＞was taken ill＞was taken sick
イギリス： fell ill＞became ill＞was taken ill＞got sick＞got ill＞fell sick＞became sick＞was taken sick

37 I haven't seen him for/in four years.

「...の間」という意味を表す場合，現在完了の否定文や最上級を含む文，それに first を伴った文では，次のように for ではなく，in が使われることがある。

(1) "I haven't seen him *in* four years," Ratliff said.
(J. Grisham, *The Runaway Jury*)
(「彼には4年間一度も会っていない」とラトリフが言った)

(2) "It's the most exciting thing that's happened to me *in* years." (S. Sheldon, *If Tomorrow Comes*)
(「ここ数年，私にはそんな刺激的な事は起こらなかったよ」)

(3) And he smiled for the first time *in* a long time.
(T. Racina, *Nine to Five*)
(そして彼が笑ったのは久しぶりだった)

(1)から(3)の例の場合，ほぼ同じ意味で for も使うことができるが，for と in とでは事態の捉え方が違う。for X では話し手はXという期間を継続した線と捉えているが，in X では，話し手はXの期間中に生じた出来事の回数を考え，Xを点と捉えている。したがって，標題の文は for では「彼には4年前に会ったきりだ」という意味になり，in では「4年間一度も彼に会っていない」という意味になる。

⎿ネイティブ・スピーカーに聞く⏌
以上の説明を裏付けるため，継続を表す場合に in を使った例と反復を表す場合に for を用いた例を作り，ネイティブ・スピーカーに尋ねてみたが，ともに容認できないという回答であった。

(4) *He has been sick *in* a week. ［for を使う］
(5) *I have done that several times *for* years. ［in を使う］

38 He is interesting.

　周知のように，たとえば interest の過去分詞 (interested) は I am interested in music. のように人を主語にとり，現在分詞 (interesting) は The book is interesting. のように主語には物がくるのが普通である。

　ただし，人を主語にした He is interesting. も「他人の興味をひく人間」という意味で可能な表現である。

(1) 　He was *interesting* and funny and great.
　　　　　　　　　　　　　　(J. Collins, *Hollywood Wives*)
　　（彼は面白くまたユーモアもあり，人間としてもすばらしかった）

boring, frightening, exciting, confusing などの -ing も同じように人を主語にしても用いられる。

(2) 　"I've been working as an executive assistant to a politician." "Are you enjoying it?" "No. He's *boring*."
　　　　　　　　　　(S. Sheldon, *Are You Afraid of the Dark?*)
　　（「ある政治家の第一秘書としてずっと働いているんだ」「仕事は楽しいのか」「いや，彼は退屈な人でね」）

(3) 　But Candy thought he was *exciting*, even if her sisters found him much too old. 　　　(D. Steel, *Sisters*)
　　（しかし，たとえ姉たちが彼はあまりにも年を取り過ぎていると思いはしてもキャンディには彼は魅力的だった）

|ネイティブ・スピーカーに聞く|

　ネイティブ・スピーカーによると，上記の -ing 形はすべて人間を表す名詞を修飾する場合にも用いられるという。

(4) 　Bill is a(n) *interesting / boring / frightening / exciting / confusing* man.

このうち，an exciting man, a confusing man, a frightening man については説明が必要であろう。

Bill is an *exciting* man. はビルのことを魅力的だと思っている女性の言葉である。また，彼の積極性も含意する。

Bill is a *confusing* man. はビルの言動が時と場合により違うため，ビルという人物がよく分からないという意味である。

Bill is a *frightening* man. はビルの暴力性を示唆する。

役に立つ情報を探す

この項に関連して，「現在分詞」「過去分詞」という文法用語の由来について触れておきたい。日本の学校文法では，-ing 形は「現在分詞」，-ed 形は「過去分詞」と呼ばれているが，これはなぜだろうか。

これについて，楳垣実『バラとさくら』は概略次のようなことを述べていて，説得力がある。

> たとえば，-ing 形は a running horse のように，原則的に「能動」「未完了」を表し，-ed 形は a repaired watch のように，「受動」「完了」を表すが，<u>「未完了」が「現在」に，「完了」が「過去」に混同された結果</u>，一般に -ing 形と -ed 形はそれぞれ「現在分詞」「過去分詞」と呼ばれるようになった。（下線筆者）

このようなことから，現在，過去という名称ではなく，-ing 形のことを第一分詞（first participle），-ed 形のことを第二分詞（second participle）と呼ぶという提案もある（O. Jespersen, *Essentials of English Grammar*）。

39　just now

　筆者は中学生のとき (1960年代半ば)，just と now は別別には現在完了形と使えるが，just now は現在完了形とは使えないと習った。しかし，まだ頻度は低いが次第に用いられるようになってきている。年代を考慮して最近のメディアからの例を引いておく。

(1) Probably two boats *have passed just now*, in the time that we've been talking.　　(The Times, Aug. 8, 2009)
（私たちが話しこんでいるうちに，ボートは二隻ともたった今，通り過ぎてしまったようです）

(2) I am only 15 years old but *have just now discovered* Led Zeppelin and their many wonders.　I wish I was alive when Led Zeppelin was playing.
(BBC, April 12. 14:25:16. 2005)
（私はまだ15歳ですがレッド・ツェペリンというすばらしい活躍をしたバンドがいたことを知りました。彼らが現役のころに生まれていればよかったと思います）

|役に立つ情報を探す|

　M. Swan, *Practical English Usage* は，1995年版では just now と現在完了形の使用を認めていなかったが，2005年版では容認している。

　鷹家秀史・林龍次郎『生きた英文法・語法』は，英米差と just now の位置を考えてインフォーマント調査を行い，They have *just now* arrived. を容認したアメリカ人は約80％，イギリス人は約40％で，They have arrived *just now*. を容認したアメリカ人は約70％，イギリス人は約60％であると報告している。

この問題については，柏野健次『テンスとアスペクトの語法』の pp. 164–165 も参照。

40　the key to the door

「ドアの鍵」という場合，the door key という言い方のほか，「付属，付随を表す to」を用いて，the key *to* the door と言える。「... の秘書」や「... の答え」の場合も同じく to が用いられる。

(1) "The *key to* the front door is on the table in the foyer."
(I. Johansen, *Body of Lies*)
(「玄関の鍵は（玄関の）広間のテーブルの上にある」)

(2) The victim, Joan Sinisi, was a former *secretary to* Ambassador Taylor Winthrop.
(S. Sheldon, *The Sky Is Falling*)
(被害者のジョウン・シニシはテイラー・ウィンスロップ大使の元秘書だった)

(3) "I would still like an *answer to* that question."
(P. D. James, *The Lighthouse*)
(「その質問に対する答えはまだもらっていない」)

│ネイティブ・スピーカーに聞く│

あるイギリス人によると，イギリス英語では頻度は低いが the key *of* the door という言い方も可能であるという。

また，secretary は，「秘書」という意味では上のように to をとるが，組織の secretary という場合は of をとるとのことである。

(4) "Should I send a message of condolence to his wife and family?" asked Tom Lawrence. "No, Mr. President," replied the *secretary of* state.
(J. Archer, *The Eleventh Commandment*)
(「奥様とご家族にお悔やみの言葉を送ろうか」とトム・ロレンスは尋ねた。「それには及びません。大統領閣下」と国務長官が答えた)

41 You're looking well.

　look や feel が形容詞を従えて「…のように見える」「…のように感じる」という意味で用いられる場合，単純形でも進行形でもほぼ同じ意味を表すことができる。

(1) "Hello, Mannon," Whitney said guardedly. "You*'re looking well*," he replied, equally guardedly. "So are you."　　　　　　　　(J. Collins, *Hollywood Husbands*)
 (「こんにちは，マノン」とホイットニーは（別れた夫に）何かを警戒しているような調子で声をかけた。「元気そうじゃないか」と同じような調子で彼は答えを返した。「あなたもね」)

(2) "How are you?" Jenna asked. "I'm fine," Mickey said. "You *look good*," Jenna said.
　　　　　　　　　　　　　　　(L. Rice, *The Edge of Winter*)
 (「調子はどう？」とジェナが尋ねるとミッキーは「元気だよ」と答えた。「そのようね」とジェナは言った)

(3) "You're better? Galen said you *weren't feeling well*." "I *feel* much *better*."　　(I. Johansen, *Body of Lies*)
 (「元気になったのか。ゲイリンに調子がよくないって聞いたけど」「ずいぶんと元気になったよ」)

> ネイティブ・スピーカーに聞く

　ネイティブ・スピーカーは，How do you feel? と How are you feeling? を比べると，前者はたとえば，目の前で転んだ人に大丈夫かどうかを尋ねる表現であるのに対して，後者は病人や怪我人に状態がよくなったかどうかを聞く表現であるという。

(4) "Good morning, darling. *How are you feeling*?"
　　　　　　　　　　　　　　　(S. Sheldon, *Rage of Angels*)
 (「おはよう。調子が悪いようだったけど，少しはよくなった？」)

42　a lot of, lots of と plenty of

「多くの」という意味を表す英語で，数えられる名詞にも数えられない名詞にも使えるのは a lot of と lots of と plenty of である。

(1) "And he was really busy, too. He had *a lot of* work on his desk." (M. H. Clark, *On the Street Where You Live*)
（「それに彼はまた本当に忙しかったんだ。机には書類が山積みになっていたよ」）

(2) "Everyone has to make choices in life, Sean," she said. "And *lots of* people make the wrong choices."
(D. Baldacci, *Hour Game*)
（「ショーン，人は皆，人生で選択を迫られるときがあってね」と彼女が言った。「そして多くの人は間違った選択をするのよ」）

(3) He had a house, *plenty of* money, and a sizzling career.
(J. Collins, *Drop Dead Beautiful*)
（彼には家があり，お金も多くあり，輝くようなキャリアがあった）

[ネイティブ・スピーカーに聞く]

あるオーストラリア人によると，lots of は数量の点で a lot of よりも多く，またよりくだけた感じを伴う。plenty of は「必要なだけ十分，あるいはそれ以上」という含みがあるという。

(4) There were *lots of* people in the theater. [a very big number]
(5) There were *a lot of* people in the theater. [a big number]
(6) There were *plenty of* people in the theater. [quite a big number, so we can consider that the show is a success.]

[データベースを調べる]

Kashino Database の検索では，plenty of は 574 例，lots of は 677 例，そして a lot of は 2579 例もヒットした。

第I部　語法・文法編

43 love と be in love

love と be in love は根本的に意味が異なる。前者は意味の幅が広く,両親,親戚,子ども,友人,師弟などに対する愛を指すのに対して,後者は男女間の恋愛感情を伴った愛の場合に使われる。

(1) The difference between "I *love* you" and "I'*m in love* with you" was a bridgeless chasm.

(S. Sheldon, *The Other Side of Midnight*)

(I love you と I'm in love with you の間には大きな隔たりがあるわ。(と彼女は思った))

(2) "I *love* you, Father. I've always *love* you. You know that." "And I *love* you. Do you know that, son?"

(H. Robbins, *Dreams Die First*)

(「お父さん,愛しているよ。子どもの頃から。分かってるよね」「私もだよ。分かっているのかい?」)

(3) "Do you *love* me?" "In a way." "What kind of way?" "I *love* you, but I'*m not in love* with you."

(J. Elbert, *Red Eye Blues*)

(「私を愛しているのか」「ある意味でね」「どういう意味で?」「愛してはいるけど,あなたに恋愛感情はないわ」)

☐ ネイティブ・スピーカーに聞く

あるアメリカ人によると,love と be in love に関しては,以下のような容認性の違いが見られるという。

(4) I *love* my child.
(5) *I'*m in love* with my child.
(6) I *love* Chinese food.
(7) ?I'*m in love* with Chinese food. [比喩的に言う場合は可能]

44 使役動詞の make

make は使役動詞として「... させる」という強い「強制」の意味を表すが，このほか，人が主語のときでも，その人が「原因」となってあることが起こるという場合にも用いられる。

(1)　I was highly angry with my Uncle Benny for all the hours he *made* me work and didn't pay me for.

(J. le Carré, *The Trailer of Panama*)

（長時間働かせておいて，お金も払わないベニーおじさんにとても腹が立った）

(2)　The rest of the time he *made* her laugh, told her jokes and funny stories.　　　(D. Steel, *Impossible*)

（残りの時間，彼女は彼のジョークや面白い話で大いに笑った）

役に立つ情報を探す

make は原形不定詞を従えるが，これには次のような歴史がある。

make は古英語期 (700-1150) には that 節をとり，また中世英語期 (1100-1500) には同時に to 不定詞も従えていた。時を経て that 節をとらなくなり，また to も落ちて現在のように原形不定詞を伴うようになった（中尾俊夫・児馬修（編著）『歴史的にさぐる現代の英文法』）。

ネイティブ・スピーカーに聞く

make は受身で用いられると to が現れることから学校文法では力を入れて教えられている。しかし，「強制」の意味では受身になっても強い意味を表し，ときに暴力を示唆するため，頻度は低い。代わりに be asked to や be told to が使われる。

(3)　She should *be asked/told to* leave.
　　　cf. She should *be made to* leave.

45 make it a rule to …

「…することにしている」に当たる英語は以前は make it a rule to … だと教えられていた。この表現は今でも使われてはいるが，古風な感じがするため，多くの場合，代わりに make it a point to … という表現が使われる。

(1) They golfed and flew to Vegas in the evenings. But they *made it a rule* not *to* spend the night there.
(M. Puzo, *Omertà*)
(彼らはゴルフをした後，よく夜には飛行機でラスベガスへ行った。しかし，そこには泊まらないことにしていた)

(2) Beau always *made it a point to* get to a lecture early to get the best seat.　　　　　　　(R. Cook, *Invasion*)
(ボーは講義を聞くのに一番いい席を取るために，いつも早く行くようにしていた)

(3) Mr. Ford came around because he *made it a point to* interview each new man personally at that time.
(H. Robbins, *Betsy*)
((自動車王の)フォード氏が(彼の所に)やってきた。当時，フォード氏は新入社員の面接を直々に行なっていたのだ)

  役に立つ情報を探す

W. W. Smith, *Speak Better English* は，次の (4) を「陳腐な表現」とし，(5) のように書き換えることを勧めている。

(4) I *make it a rule to* get up early every morning.
(5) I *always/usually* get up early every morning.

  データベースを調べる

Kashino Database の検索では，make it a rule to の出現数はゼロであるのに対して make it a point to は 22 例となっている。

46　X can/could manage to Y

　1990年代後半に日本で出版された文献に「manage to do はすでに『できる』という意味を含んでいるので can/could とは言えない」という記述があるが，これは正しくない。以下に示すように，X can/could manage to Y はごく普通に用いられる。

(1)　"Dear God," was all he *could manage to* say.

(D. Baldacci, *Hour Game*)

　　　（「どうしよう」としか彼には言えなかった）
(2)　"I think we *can manage to* do both, work and play."

(D. Steel, *Impossible*)

　　　（「仕事も遊びも何とか両立できると思います」）

データベースを調べる

　The New York Times（アメリカの新聞）の website 上のデータベースを検索すると，X can/could manage to Y は if 節の中で非常によく使われていることが判明した。

(3)　All that gloom will dissipate *if* they *can manage to* win their 17th championship this season.

(dated May 4, 2008)

　　　（暗い雰囲気はすべて消えます。今シーズン，彼らが17回目の優勝をすれば，の話ですが）

ネイティブ・スピーカーに聞く

　このほか，ネイティブ・スピーカーによると，X can/could manage to Y は依頼を表すのに疑問文でよく用いられるという。

(4)　*Can/Could* you *manage to* be back here by nine thirty？

　　　（9時半までに何とかここに戻ってきてもらえませんか）

47　may X but Y

　この構文が「なるほど X ではあるが，しかし Y」という意味で用いられるのはよく知られている。
　ここで注意したいのは，この構文は「X が事実であることは確かではあるが，話し手はそれを事実として認めたくないときに使われる」という点である。
　日本語でも「確かに彼は国会議員かもしれないが，人間としては失格だ」と言うことがあるが，この表現と may X but Y との間に共通点を見いだすことができる。

(1)　"I *may* be over fifty *but* I'm not a has-been."

(I. Murdoch, *Black Prince*)

　　　（「確かに私は50歳を過ぎているが，過去の人間ではない」）
(2)　"You *might* be handsome, *but* you're useless."

(J. Collins, *Dangerous Kiss*)

　　　（「お前はハンサムかもしれないが，役立たずだよ」）［成人した息子に対して］

|ネイティブ・スピーカーに聞く|

　ネイティブ・スピーカーによると，この構文は多くの場合，Although I am over fifty, I am not a has-been. のように although を用いて書き換えられるという。ここからも X には事実が述べられていることが分かる。
　また，この構文は相手の言ったことを受けて，話し手がそれに反論するときによく用いられるという指摘もある。

(3)　A：It rains a lot in Ireland.
　　　B：It *may* rain a lot, *but* the countryside is very green.
　　　（A:「アイルランドはよく雨が降るよ」　B:「雨はよく降るかもしれないが，そのお蔭で田舎では草木の緑があざやかだ」）

48 maybe

maybe は It may be that ... の it と that が省略され，may be が副詞化され，さらに一語で綴られたものである。

同じようなものに，could be, must be, might be などがある。これらは通例，二語で綴られる。

(1) She said, "Depending on circumstances, this could be the last time I'll see you." "*Could be*."

(S. Brown, *Play Dirty*)

(彼女は言った。「はっきりとは言えないけど，今回が会える最後かもしれないわね」「そうだな」)

(2) "I expect she's regretting it now." "*Must be*."

(M. Walters, *Fox Evil*)

(「彼女は今頃，後悔していると思うな」「きっとね」)

(3) "There may be some violence attending." He listened for Ramsey to contradict him, but Ramsey only murmured, "*Might be*." (I. Wallace, *The Almighty*)

(「(会議は)暴力沙汰になる可能性もある」と(彼が)言った後，彼はラムジーが反論するものと思っていた。しかし，ラムジーは「ことによってはな」と呟いただけだった)

さらに，準助動詞の have got to も gotta be の形式で副詞的に用いられることがある。類似表現の must be よりも意味が強い。

(4) "She didn't kill herself because of her cancer." "I know," he said. (中略) "But it's related. *Gotta be*."

(P. Cornwell, *Body Farm*)

(「彼女はガンであることを悲観して自殺したわけじゃない」「そうだな」と彼は言った。「でも関連はあるな。絶対に」)

49　Do/Would you mind X? の返答

　本来，mind は「いやがる」「気にする」という意味であるから Do/Would you mind X? と尋ねられて「X しても構わない」という意味の返事をする場合，否定の形式を用いて答えるのが原則である。

(1) "*Do you mind* if I record this?" "*Not at all*." Jeremy reached into his jacket pocket and retrieved the small recorder.　　　　　　　　　　(N. Sparks, *True Believer*)
（「この会話を録音してもいいですか」「いいですよ」（と言われて）ジェレミーは上着のポケットに手を伸ばし，小さなレコーダーを取り出した）

　しかし，実際には mind の意味を無視して文全体で依頼などと捉え，それに対応する形で肯定の形式を用いて答えることも多い。

(2) "*Would you mind* giving me your names?" "*Yeah. I'm Jack Webb.*"　　　(L. Fairstein, *Death Dance*)
（「お名前を教えていただけますか」「分かりました。ジャック・ウェッブです」）

　次は，ある小説の登場人物の心の中での本音と声に出して言った建前との対照例である。

(3) "*Do you mind* if I go to bed early?" *Yes. He minded.* He needed to unwind, have a few blasts, relax. "*Sure*, babe, you *go right ahead*."
　　　　　　　　　　　　　(J. Collins, *Hollywood Wives*)
（「早く休ませてもらってもいいかしら」いや駄目だ。彼は何か楽しいことをして緊張をほぐしリラックスしたいと心の中で思った。しかし，声に出して言ったのは「構わないよ。どうぞ」だった）

50 It was ten minutes after two.

　たとえば，10時5分（前，すぎ）は，一般に five (minutes) to / past ten あるいは Nine fifty-five / Ten five という。

　この場合，to の代わりに before を，past の代わりに after を使うことがある。これはアメリカ英語の特徴であると言われるが，(2) のようにイギリスでも用いられている。

(1) She stood up and looked at the clock; it was ten minutes *after* two.　　(J. Rossner, *Looking for Mr Goodbar*)
（彼女は立ち上がって時計を見た。2時10分だった）

(2) They reached Sacramento a few minutes *before* seven A. M.　　(K. Follett, *The Hammer of Eden*)
（彼らは午前7時少し前にサクラメントに着いた）

　アメリカ英語では「前」の意味で of や till が用いられることもある。till の場合はその時刻に何かが予定されているという含意がある。

(3) Chyna looked at the clock.　Twenty minutes *till five*.
　　(D. Koontz, *Intensity*)
（チャイナは時計を見た。5時まであと20分あった）

(4) At five *of* ten, the family arrived.
　　(M. H. Clark, *No Place like Home*)
（10時5分前にその家族が到着した）

| ネイティブ・スピーカーに聞く |

　(4) の of に関して，あるネイティブ・スピーカーは，たとえば It is twenty minutes *of* nine. の of は，lack の意味を表す want を用いた It *wants* twenty minutes *of* nine. に由来するのではないかと言っている。

51 more than 10

　たとえば，英語の more than 10 は 10 を含まないが，日本語の「10 以上」は 10 を含む。したがって，more than 10 を日本語にするときは，当該の数字に 1 を加えて「11 以上」と訳す必要がある。「10 以上」と言いたいときは，ten ... or more を使う。

(1) It had been *more than ten years* since his father had died.　　　　　　　　　　　　(A. Fawer, *Improbable*)
(彼の父親が亡くなって 11 年以上が経っていた)

(2) "Four of them have been on my personal staff for *ten years or more*."　(J. Archer, *The Eleventh Commandment*)
(「彼らのうち 4 人は 10 年以上，私の個人的なアシスタントを勤めています」)

同じように，fewer than 10 は「10 未満」（= 9 以下）という意味を表す。次は fewer than fifty の例である。

(3) "How many physicians are involved?" Waller asked. "*Fewer than* fifty," Raymond said.

　　　　　　　　　　　　　　　　(R. Cook, *Chromosome 6*)
(「何人の医者が係わっているんだ？」とウォーラーは尋ねた。「50 人未満だな」とレイモンドが答えた)

「fewer than + 数字」の代わりに，本来は間違っているが，「less than + 数字」もよく用いられる。

(4) "This war in Iraq will be over in *less than* thirty days."
　　　　　　　　　　　　　　　　(N. DeMille, *Wild Fire*)
(「イラク戦争はひと月も経たないうちに終わるだろう」)

52　on the morning/evening of …

morning や evening の前の前置詞は通例は in であるが，後に of 句を伴い特定の日の朝や晩のことを言うときには，in は on に変わるのが普通である。

(1) Dr. Robert Briody interviewed him *on the morning of* February 13 and noted: "He is usually subdued and appears in control of his actions."

(J. Grisham, *The Innocent Man*)
(ロバート・ブリオディ博士は2月13日の午前中に彼と面談し，「普通はおとなしく，冷静に行動しているように思える」と記した)

しかし，稀に in the morning/evening of … の表現も見られる。

(2) Early *in the evening of* June 24, Anna Perino married Loren van Ludwige. (H. Robbins, *The Stallion*)
(6月24日の夕方にアナ・ペリノはローレン・バン・ラドウィグと結婚した)

|ネイティブ・スピーカーに聞く|

(2) の例の場合，あるオーストラリア人は on も可能だが，in のほうがいいという。同氏によると，on the morning/evening of … は多くの場合，次の (3) のように，何か悪いことが起きた場合に使われるとのことである。これは (1) のような例はあるものの興味深い指摘である。

(3) Early *on the morning of* June 24, when most people were still in bed, a terrible earthquake occurred.
(6月24日の朝早く，ほとんどの人がまだ寝ているときに大地震が起きた)

第I部　語法・文法編

53　比較級と much など

　形容詞や副詞の比較級を強めるには much, far, a lot などが使われる。

(1)　She was *much older* than he.　(J. M. Dillard, *The Fugitive*)
　　（彼女は彼よりもずっと年上だった）
(2)　It was a *far bigger* plant than he'd expected.
　　　　　　　　　　　　　　　　　　(R. Cook, *Toxin*)
　　（それは彼が思っていたよりもはるかに大きい工場であった）
(3)　"I'm *a lot happier* than she is."　　(D. Steel, *Bittersweet*)
　　（「彼女よりもはるかに幸せだわ」）

　この場合，even や still も用いられるが，その場合には形容詞や副詞は中立的な意味ではなくて，文字どおりの意味になる。

　たとえば，(1) では much が使われているため，older は中立的に年齢のことを言っているだけで，she も he も「年をとっている」という含みはない。しかし，この much を even や still に換えると，二人とも「年をとっている」という文字どおりの意味に変わる。

　次では，「ブレットは背が高い」という前提があるため，比較級の taller は even により修飾されている。

(4)　Brett was tall, *even taller* than his father.
　　　　　　　　　　　　　　　　(L. Sanders, *Guilty Pleasures*)
　　（ブレットは背が高く，（背の高い）父でもかなわなかった）

[ネイティブ・スピーカーに聞く]

　通例，最上級を強める場合に用いられる by far も，比較級に後置されるか，比較級に the が付いているときには用いられる。

(5)　He is *by far the better* worker.
(6)　This book is *more difficult by far* than that book.

54　must の一用法

If you must ... と Must you ...? は，must に強勢が置かれ，「どうしても ... する」という主語の意志が表される。この場合，主語の意志に対する話し手の皮肉を込めた「いらだち」が含意される。

(1) "*If you must* call me something, call me by name."
　　　　　　　　　　　　　　　　　　　(H. Robbins, *Stiletto*)
　　（「どうしても私に呼びかけたいのなら名前で呼んで下さい」）

(2) "*Must you* always be so serious?　Don't you ever think of having fun?"　　　(H. Robbins, *Adventures*)
　　（「そんなに生真面目でないといけないの？　もっと楽しんだらどうなの？」）

(3) "*If you must* know," she said, "I had a fight with my partner."　　　　　　　　　(J. Collins, *Thrill!*)
　　（「知りたいのなら言うけど，恋人と喧嘩をしたのよ」と彼女は言った）

(4) Mary (in an outburst):　George, why *must you* torture the children?　　　(It's a Wonderful Life シナリオ)
　　（メアリ［感情を抑えられずに］：「ジョージ，どうして子どもたちを苦しめないといけないの？」）

[役に立つ情報を探す]

G. Leech, *Meaning and the English Verb* によると，この must は have to を使っても書き換えられるが，have to では must の持つ尊大さは希薄になるという。

(5) "*Do you have to* work today?"　"In theory, yes," she said.　　　　　　　　　　(L. Rice, *The Edge of Winter*)
　　（「今日，仕事をしないといけないのか」「形の上ではね」と彼女は言った）

55 my office

　一般に,「my + 名詞」は「私の所有する ...」という意味であるが,実際には用いられる名詞に応じてさまざまな意味に解釈される。

　たとえば, my office と言う場合,「私の所有する会社」という意味にもなるが, 多くの場合,「私の勤めている会社」という意味で用いられる。

(1) "I live in Surrey, work in London. *My office* is in Canary Wharf."　　　　　　　　　(K. Follett, *Whiteout*)
（「サリに住んでいてロンドンで働いています。会社はカナリー・ウォーフにあります」）

次の場合も同様で,(2)では「私の乗る飛行機」,(3)では「私の通っている学校」という意味で使われている。

(2) "You are going back home?" "Yes. *My plane* leaves tomorrow afternoon."　　(S. Sheldon, *The Sky Is Falling*)
（「家に戻るの？」「ええ、飛行機は明日の午後に出るの」）

(3) "Why can't I stay here?" the girl asked imploringly. "I love *my school*."　　　(J. Collins, *Lovers and Players*)
（[転校するように言われて]「どうして、ここにいてはいけないの？」と少女は、すがるように尋ねた。「この学校が好きなのに」）

ネイティブ・スピーカーに聞く

　ネイティブ・スピーカーによると, たとえば, my baseball team は, 文脈に応じて「私の所有する野球のチーム」「私の作ったチーム」「私の町のチーム」「私の応援するチーム」「私がプレーしているチーム」などの意味になるという。

56　I'm not here.

　標題の I'm not here. は「ここにいないことにしてくれ」という意味である。これに類似する表現は多く見られ,「ある事実があって,その事実を隠すために人に口止めをする」ときの言い方である。一般に Don't tell anybody/somebody that ... などで書き換えられる。

(1) "Walker Art Gallery. Good afternoon." She looked up to see Richard Walker running toward her, waving his arms. She could read his lips: "*I'm not here*."
(M. H. Clark, *I Heard That Song Before*)
(「こんにちは。ウォーカー画廊です」彼女が見上げるとリチャード・ウォーカーが両腕を振りながら自分のほうに走ってきているのが見えた。彼女は「私はここにいない」と言っている彼の唇が読み取れた)[この場合は,Don't tell the caller that I am here. と書き換えられる]

(2) "*You didn't hear it from me*," the bailiff said. "You trust me, don't you?"　(J .Grisham, *The Client*)
(「この話は私からは聞かなかったことにしてくれ」と廷吏[裁判所職員のこと]は言った。「信用ないんだな」)[= Don't tell anybody that you heard it from me.]

(3) He held a twenty-dollar bill in his hand so that the driver could see it. "*You never brought us here*," he said. The bill disappeared in the driver's hand.
(H. Robbins, *Stiletto*)
(彼は(タクシーの)運転手に見えるように 20 ドル札を手に持っていた。「あんたはここで私たちを降ろさなかった,いいな」と彼は言った。20 ドル札は運転手の手に消えた)[= Don't tell anybody that you brought us here.]

57 He cannot do nothing.

　上記のような二重否定の文は「彼は何でもできる」という肯定の意味になるのが普通である。

　しかし，かなりくだけた英語では，論理よりも感情が優先し，一つの否定では弱いと感じられるため，二重否定を用いて否定を強めることがある。(3) は三重否定の例であるが，この場合も同様である。

(1)　"I *didn't* see *no one*, so I put the note in the post box in the porch."　　　　　　(P. D. James, *The Lighthouse*)
　　（「だあれもいなかったので手紙をポーチの郵便受けに入れたわ」）
(2)　"I *didn't* tell the cops *nothing*. They came, but I didn't tell them."　　　　　(J. Wambaugh, *The Glitter Dome*)
　　（「サツには何も言ってやしねえ。奴らは来たけどしゃべっちゃあいねえ」）
(3)　"I *ain't* givin' *nobody* back *no* money."
　　　　　　　　　　　　　(J. Collins, *Lovers and Gamblers*)
　　（「札束は絶対，誰にだって返すもんか」）[ain't = am not]

役に立つ情報を探す

The American Heritage Guide to Contemporary Usage and Style によると，二重否定や三重否定は古代英語（5世紀から11世紀）の時代から使われていて否定の強調を表していた。同書はまたチョーサー（1340-1400）やシェイクスピア（1564-1616）の時代にも否定を強める二重否定の例が見られると報告している。

　14世紀から16世紀のルネッサンス以降の文法家がこの用法に反対し，それが英語教師に影響を与えて標準英語では現在のように二重否定は肯定の意味を表すようになったと言われている。

58　on の用法 (1)

おもにアメリカのくだけた言い方では「on＋人」の形式で当該の「人」が不利益を被ることを表す用法がある。

(1) He said he didn't need my help and then he hung up *on me*.　　(B. Meltzer, *The Tenth Justice*)
（彼は助けなど必要ないと言って一方的に電話を切った）

(2) "My wife just walked out *on me*."
　　　　　　　　　　(A. Corman, *Kramer versus Kramer*)
（「女房に逃げられたんだ」）

(3) I closed the door *on her* before she had a chance to react.　(J. M. Glazner, *Smart Money Doesn't Sing or Dance*)
（答える隙も与えないで彼女の鼻先でバタンとドアを閉めてやった）

(4) I've never told you this before, but in the last six years my life has been hellish. Three people I loved very much died *on me*. First Sylvie, then my father, and finally my grandmother.　(B. T. Bradford, *A Secret Affair*)
（今まで言わなかったけど、この6年の間、私の人生は地獄のようだった。最愛の三人に死なれてしまったからね。最初はシルビー、それから父親、挙句に、祖母までいなくなってしまった）

よく使われる The drinks are *on me*!（酒は俺のおごりだ!）の on も「不利益の on」と見なすことができる。

役に立つ情報を探す

G. Curme, *Syntax* は、たとえば He shut the door *on me*. の on me は古い英語では to me と言っていたが、アイルランド英語の影響で、against の意味を表す on が用いられるようになったと指摘している。

59　on の用法 (2)

on は次のように「怒り」「悩み」のような感情と関連して使われることがある。

[I] 「X のほうを向く」と言うときには turn to X も turn on X も用いられる。ただし，前者は中立的な意味を表すが，後者は「怒り」を表す場合に使われる。

(1) "We must call the police." Wheeler *turned on* him. "Are you crazy?"　　　　　　　　　(I. Wallace, *Word*)
（「警察に電話しないといけない」（と言われて）ウィーラーは彼のほうに向き直って言った。「頭がおかしいんじゃないか」）

[II]　in one's mind と on one's mind では，on は「悩み」と関連して用いられ，たとえば，Do you have something *on your mind*? は「何か悩みでもあるのか」という意味になる。

(2) "I'll be back after the break with more music. If you have a request, or just something *on your mind* you'd like to share, call me."　　　(S. Brown, *Hello, Darkness*)
（「コマーシャルの後も音楽をお届けします。リクエストや相談したい悩み事があれば，お電話ください」）

特に，What's on your mind? は相手の悩みを聞く場合のほか，「本当の所を言ってください」の意味でも用いられる。

(3) "Now, as long as you and I are alone, why don't you tell me exactly *what's on your mind*."

(S. Sheldon, *Master of the Game*)
（「さあ，二人きりでいる間に思っていることを正直に話してくれないか」）

60　one of those

one of those は，よくある典型的な人や物に言及するときに用いられる表現であるが，その人や物をけなす場合によく使われる。

(1)　I was not *one of those* eight-year-old boys who want to marry their mother.　　　(S. Spencer, *Endless Love*)
（私は自分のお母さんと結婚したいと思っている8歳の男の子というようなタイプの子どもではなかった）

(2)　This is *one of those* stupid training camps.
　　　　　　　　　　　　　　　　(N. DeMille, *Wild Fire*)
（これは例のあのくだらないトレーニングキャンプなのだ。（と彼は思った））

データベースを調べる

Kashino Database や COCA Corpus の検索では，one of those の後には people や things がくることが多い。特に，One of those things. は「よくあること」の意味で慣用表現となっている。

(3)　"I watched you on TV the other day. I'm sorry your car burned out." "*One of those things*," I said.
　　　　　　　　　　　　　　　　(H. Robbins, *Betsy*)
（「この前，テレビであなたを見たわ。（レースで）車が炎上して大変だったわね」「よくあることさ」と私は言った）

役に立つ情報を探す

one of those は人や物をけなす場合に使われるが，これは those の単数形の that が物理的には遠い物を，心理的には親近感のないものを指すという事実と関連する。ここから，that の複数形の those も通例，不快感を表すことになる（柏野健次『英語語法レファレンス』）。

61　overstatement

特にアメリカ英語では，程度の高さを強調するために，次のような誇張表現（overstatement）がよく用いられる。

(1) "Are you hungry?" she asked. "*I'm starved*. I haven't eaten anything all day." (N. Sparks, *True Believer*)
（「お腹すいていますか」と彼女が尋ねた。「死にそうなくらいにね。今日一日，何も食べていないんだ」）[I'm very hungry. の誇張表現。I'm starving. ともいう]

(2) "What can I do for you, officer?" "Where's Jack?" *Cal's heart stopped* and sweat popped through his skin.
(J. Grisham, *The Client*)
（「お巡りさん，どういう用件ですか」「ジャックはどこにいる？」（と聞かれて）キャルの心臓は止まりそうになり，汗が噴き出した）[Cal's heart almost stopped. の誇張表現]

(3) The late April sunshine was fading from the windows when Jaques sank exhausted into a chair in the large flower-filled living room. He looked up at Tanya and Johann. "*I'm dead*."　　(H. Robbins, *Goodbye, Janette*)
（窓から差し込む4月末の太陽の光が陰りを見せた頃，ジャックは疲れ果てて，花であふれる大きなリビングにある椅子に崩れるように座った。彼はタニヤとヨハンを見上げて言った。「ほとほと疲れたよ」）[I'm exhausted. の誇張表現]

|役に立つ情報を探す|

overstatement は hyperbole ともいう。*Cassell Dictionary of English Grammar* には，類例として I've told you *a thousand times*. と The telephone *hasn't stopped* ringing all morning. の例が挙がっている。

62　She was just being polite.

　be polite が進行形で only や just を伴う場合,「うわべだけの態度」を示し,「社交辞令で言っている」という意味になることが多い。MED はその phrases の項に just/only being polite の表現を挙げ, spoken というラベルを付けている。

(1)　When I dropped her at her door she invited me in, but I knew she was *just being polite* so I took a rain check.
　　　　　　　　　　　　　　　　　　　　(S. Pottinger, *The Boss*)
　　（私が玄関先で彼女を車から降ろしたとき,彼女は「上がっていかない?」と言った。だが,社交辞令で言っていると分かっていたので「またにするよ」と答えた）[rain check については当該の項を参照]

(2)　"So, Daisy, what do you do for a living?"　He gave her his winning smile.　Miranda knew he was *only being polite*.　Kit liked pretty girls, and Daisy was anything but that.　　　　　　　　(K. Follett, *Whiteout*)
　　（「で,デイジー,何の仕事をしているんだい?」キットは彼女に愛想よく微笑んで言った。(キットの妹の)ミランダには兄がうわべだけの会話をしていることが分かった。というのは,兄はかわいい女性が好きだったのにデイジーは全くかわいくなかったからである）

ネイティブ・スピーカーに聞く

　ネイティブ・スピーカーによると,次のように polite が名詞を修飾する場合も,同じように「うわべだけの」という意味を表すことが多いという。

(3)　*polite* applause/smile/conversation
　　　（お義理の拍手／愛想笑い／形だけの会話）

63　out of the question

1960年代半ばに刊行された英和辞典に次のような例と説明が掲載されている。

(1)　His proposal is *out of the question*.

[out of the question = impossible]

(2)　*Out of question*, he ought to have the position.

[out of question = doubtless]

実際，筆者もこのように習ったが，(1) の out of the question は正しいが，(2) の out of question は現代の英語では用いられない。

(3)　"Perhaps we should transfer her to the Suburban Hospital and get her on a dialysis machine." "That's *out of the question*," Clarie said. "She's too critical to be transferred."　　　　　　　　　　　　　　(R. Cook, *Toxin*)
（「彼女をサバーバンホスピタルに転送して，人工透析を受けてもらおう」「それは無理ね」とクラリーは言った。「病状が重すぎて転送できないわ」）

役に立つ情報を探す

OED（第2版）には，out of question は掲載されてはいるが，最も新しい例文で 1586 年のもの（Shakespeare の時代）である。現在では廃用（obsolete）であると考えられる。

ネイティブ・スピーカーに聞く

ネイティブ・スピーカー4名はすべて out of question は聞いたことがないという。あるオーストラリア人は，上の (2) の意味を表すためには，out of question の代わりに There's no doubt ... や Without a doubt を使う必要があるという。

64　rather than

rather than は，(1) のように「行動の選択」を表す場合と (2) のように「言葉の選択」を表す場合がある。

(1) John Rondeau took the stairs *rather than* waiting for the elevator.　　　　　(S. Brown, *Hello Darkness*)
 (ジョン・ロンドはエレベーターを待たないで階段を使った)
(2) They became close, though the relationship was a friendship *rather than* a romance.
　　　　　　　　　　　　　　　(K. Follett, *Code to Zero*)
 (二人は親しくなった。とは言っても，その関係は恋愛というよりも，友情と言ったほうが適切だった)

「行動の選択」が表されるときは，rather than を前置することが可能である。

(3) *Rather than* knock at the front door, he went around the side of the house to the stables.
　　　　　　　　　　　　　　　(K. Follett, *Hornet Flight*)
 (彼は玄関をノックせず，家の横を通り馬小屋まで行った)

ネイティブ・スピーカーに聞く

ネイティブ・スピーカーは「言葉の選択」を表す場合には rather than の前置は不自然とするが，実際にはときに見られる。

(4) Her date was not exactly what Nicci had expected. *Rather than* a sturdy young actor, he was a forty-something, surly.　　　　(J. Collins, *Hollywood Wives*)
 (ニッキのデートの相手は期待したほどではなかった。元気な若い俳優と言うよりは，むっつりとした40がらみの男と言ったほうがいいような人物だった)

65 I couldn't believe what I was seeing / hearing.

「見える」「聞こえる」という意味の see, hear は通例,進行形では用いられないが,I couldn't believe what I *was seeing*/*hearing*. の形式ではよく使われる。主語は三人称のことも多い。

(1) "I want you out," Gino said evenly. Pinky could not believe what he *was hearing*.　　　(J. Collins, *Chances*)
（「出て行ってくれ」とジノは冷静に言った。ピンキーは自分の耳を疑った）[Pinky couldn't believe his ears. ともいう]

(2) She glanced up, and her heart stopped. Ray was on television! She couldn't believe what she *was seeing*.
(S. Sheldon, *The Million Dollar Lottery*)
（彼女は顔を上げて何気なく（テレビを）見ると心臓が止まりそうになった。（探していた）レイがテレビに出ていたのだ。彼女は自分の目が信じられなかった）[She couldn't believe her eyes. ともいう]

[役に立つ情報を探す]

一般に see や hear は,I'm *seeing*/*hearing* things. のように,知覚が幻覚や幻聴で一時性が保証される場合には進行形が可能である。

この項で問題にしている文は知覚の対象が信じられないようなものなので,話し手はそれが現実のものとは思えず,知覚そのものを幻覚,幻聴のように捉えていることが表されている（柏野健次『意味論から見た語法』）。

次の例も同じように考えられる。

(3) They *were seeing* for the first time the true Amazonian rain forest.　　　(A. MacLean, *River of Death*)
（彼らは現実のアマゾンの雨林を初めて目の当たりにしていた）

66　I seem

　seem は，本来話し手の判断を表すため，主語には通例，三人称がくるが，ときに一人称主語でも用いられる。その場合，I seem は I think と同じ意味になる。

(1) "*I seem* to remember that it was your habit to leave for Florida in October and not return until May."
　　　　　　　　　　　(M. H. Clark, *On the Street Where You Live*)
（「10月にフロリダへ発って5月までは戻ってこないのが君の習慣だったと記憶しているけど」）

(2) "He gave it to me earlier when I did an interview with him but *I seem* to have lost the piece of paper."
　　　　　　　　　　　　　　　　　　　　(M. Walters, *Fox Evil*)
（「私が彼にインタビューをする前に彼はその用紙を私にくれていましたけど，どうやら失くしてしまったようです」）

　否定文では，I don't seem to のほか，can't を添えて「やってみたができそうにない」という意味を表すこともある。

(3)　I have a cold I *can't seem to* shake.
　　　　　　　　　　　　　　　　　　(Chinatown シナリオ)
（風邪をひいてしまって，どうしても抜けきらない）

　同じように，be likely to も本来，話し手の判断を表すが，一人称主語でも使われる。

(4) "Can you be sure those were his exact words?" asked Redmayne. "It's not something I'*m likely to* forget," said Beth sharply.　　(J. Archer, *A Prisoner of Birth*)
（「間違いなく彼はそのように言ったのか」とレドメインは尋ねた。「忘れるもんですか」とベスはとげとげしく言った）

67　Let's …, shall we?

よく知られているように，Let's の付加疑問文は shall we? である。ALED は Let's go, shall we? は Shall we go? の意味だと記している。

(1) Carter looked at his watch. "It's getting late. I'm hungry. Let's eat, *shall we*?"

(D. Silva, *A Death in Vienna*)

（カーターは時計を見た。「遅くなってきたね。お腹もすいたし，何か食べよう」）

(2) "Let's go somewhere where we can have a talk, *shall we*?　One of the cabins, or *shall we* stay out in the open?"　　(I. Fleming, *The Spy Who Loved Me*)

（「どこか話のできる所に行きませんか。（モーテルの）客室でもいいし，それとも外のほうがいいですか」）

ネイティブ・スピーカーに聞く

しかし，あるアメリカ人によると，let's はくだけた感じがするのに対して shall we? は堅苦しい感じがするため，この二つは嚙み合わないという。

また，別のアメリカ人は，アメリカ英語では shall we? の代わりに OK? を使うだろうと指摘している。

(3) "Let's hurry, *okay*?"　　(I. Johansen, *Body of Lies*)

（「急ぎましょうよ」）

さらに，別のアメリカ人は，この Let's …, shall we? はかなり堅苦しく，アメリカ英語では同じ提案を表すのに，もっと直接的でくだけた感じのする How about …? (e.g. *How about* going out to dinner?) を使うと言っている。

68　in shock と with shock

　感情を表す名詞が前置詞句を作って，副詞の働きをする場合，in か with が用いられる。

(1)　"She's still *in shock*." 　　　　(J. Grisham, *The Testament*)
　　（「彼女はまだショック状態です」）
(2)　"That guy must've robbed a bank." Jacob shook his head *in disbelief*. 　　　　(S. Smith, *A Simple Plan*)
　　（「銀行を襲ったのはあいつにちがいない」（という発言に対して）ジェイコブは信じられないように首を横に振った）
(3)　She sighed *with relief* when the door closed behind him.
　　　　　　　　　　　　　　　　(P. D. James, *The Murder Room*)
　　（ドアが彼の背後で閉まったとき彼女はホッとため息をついた）
(4)　Ellen heard Sarah's voice behind her and turned around *with surprise*. 　　　　(A. Brown, *Legally Blonde*)
　　（背後でサラの声が聞こえたときエレンは驚いて振り返った）

[ネイティブ・スピーカーに聞く]

　あるオーストラリア人によると，「in＋感情名詞」は述語動詞が be 動詞のように継続性を表す場合にも turn around のように瞬時性を表す場合にも使えるが，「with＋感情名詞」は瞬時性を表す場合にしか使えないという。したがって，*She stood there *with shock*. とは言えないことになる。

[データベースを調べる]

　Kashino Database で shock を例にとり調べてみると，in shock が 253 例検出されたのに対して，with shock は 48 例しか検出されなかった。他の感情名詞の場合も同様で，in のほうが圧倒的に頻度が高い。

69 Sorry I'm late.

　sorry を用いて「遅れて申し訳ない」という意味を表す場合，話し手はすでに遅れているのであるから，sorry は事実であることを表す that 節や「for + 動名詞」を従えて，(I'm) sorry (that) I'm late. や I'm sorry for being late. と言うのが普通である。

(1) "*Sorry I'm late*," said Sarah as she sat down opposite him.　　　　　　　　　　　(J. Archer, *A Prisoner of Birth*)
    (「遅れてごめんなさい」とサラは彼の向かい側に座りながら言った)
(2) "I'm *sorry for being late*."　　　(R. Cook, *Acceptable Risk*)
    (「遅くなって申し訳ない」)

しかし，この場合に，本来，未来や仮定的な事柄に言及するはずの to 不定詞が用いられることがある。

(3) "I'm *sorry to be so late*."　　　　　(I. Murdoch, *Sandcastle*)
    (「大変，遅れて申し訳ない」)
(4) "*Sorry to be late*," Preacher apologized as he entered the board room and took his place at the head of the table.　　　　　　　　　　　　　　(H. Robbins, *Spellbinder*)
    (「遅くなってすみません」とプリーチャーは会議室に入り，テーブルの議長席につくと謝った)

データベースを調べる

　Kashino Database を検索してみると，(I'm) sorry (that) I'm late. が 23 例，(I'm) sorry to be late. が 2 例，(I'm) sorry for being late が 1 例検出された。改めて (I'm) sorry (that) I'm late. の頻度が高いことが確認された。COCA Corpus の検索でもこの頻度順は同じであった。

70　When she spoke, she said, ...

　ペーパーバックを読んでいると，特定の作家の独特の文体に出会うことがある。標題は，S. Sheldon 氏がよく用いる表現である。以下に同氏の *Nothing Lasts Forever* と *Tell Me Your Dreams* から例を挙げておく。

(1)　She took his hand and held it for a long time. When she *spoke*, she *said*, "All right, John."
　　（彼女は彼の手を取ると，そのまま長い間，握っていた。彼女が口を開いたとき，出てきた言葉は「分かったわ，ジョン」だった）

(2)　Dr. Patterson sat there silently for a moment. When he *spoke*, he *said* heavily, "I can help you."
　　（パタソン医師はしばらく黙ったままでそこに座っていた。彼がようやく口にした言葉は「力になりましょう」だった）

次は別の作家からの例で，spoke が二度用いられている。

(3)　"Is it a moral sin to be a Jew?" I blurted out. His face softened as he stood there looking at me. When he finally *spoke*, he *spoke* very slowly and quietly: "No, son, it isn't. It couldn't be."
　　　　　　　　　　　　　　　　(H. Robbins, *Never Love a Stranger*)
　　（「ユダヤ人であることは罪ですか」と私は思わず（神父に）尋ねた。彼はそこに立ったまま私を見つめていたが，その表情が優しくなった。彼がやっと口を開いたとき，その言葉はゆっくりと静かに諭すようなものだった。「そうではありません。決して」）

ネイティブ・スピーカーに聞く
　あるカナダ人によると，(1) と (2) の場合，spoke と said を入れ替えることはできないという。

71　He was standing (up).

stand や sit が進行形で用いられて状態の意味を表す場合，up や down が付加される場合と付加されない場合がある。

(1) A tall, attractive, gray-haired American-looking man *was standing up* staring at her as though wanting to tell her something.　　(S. Sheldon, *The Other Side of Midnight*)
(背が高くハンサムで，白髪交じりのアメリカ人とおぼしき男性が，立ったまま何か言いたげに彼女をじっと見つめていた)

(2) The young guy behind the Enterprise counter *was sitting down*, reading a book.　　(N. DeMille, *Wild Fire*)
(エンタープライズ社のカウンターの向こうにいた若い男は座って本を読んでいた)

(3) He *was sitting* in the chair beside my desk.
　　(S. Smith, *A Simple Plan*)
(彼は私の机の横にある椅子に腰掛けていた)

(4) Bosch looked up. Pratt *was standing* in the doorway of his office.　　(M. Connelly, *Echo Park*)
(ボッシュが見上げるとプラットがオフィスの入り口に立っていた)

ここでは，up, down を伴っている場合は，人の「姿勢」が問題になっているのに対して，伴っていない場合は，その姿勢をとっている「場所」が問題になっている点に注意したい。したがって，この問題を考える場合，場所の副詞句の有無が大きな意味を持つ。

ネイティブ・スピーカーに聞く

以下では，複数のネイティブ・スピーカーのコメントを参考に，場所の副詞句に目を向け，解説を加えよう。

[I]　be standing up / be sitting down は通例，場所の副詞句をとらないで，他の「姿勢」と対比させて用いられる。

したがって，電話で相手の姿勢を尋ねるようなときに，よく Are you sitting down? (立っているのではなくて，座っているのですか) Are you standing up? (座っているのではなくて，立っているのですか) という表現が用いられる。

場所の副詞句を伴うと，up, down は付けないのが普通であるが，sit の場合は，down を付けても stand に比べ容認度はいくらか高くなる。

(5)　Bill *was standing* in the corner.
　　　 cf. *Bill *was standing up* in the corner.
(6)　Bill *was sitting* in one of the lounge chairs.
　　　 cf. ?Bill *was sitting down* in one of the lounge chairs.

[II]　be standing / be sitting は，上で見たように通例，場所の副詞句を従える。

ただし，stand の場合は副詞句を伴わない Linda was standing. も Linda was standing up. とほぼ同じ意味で用いることができる。sit では，?Linda was sitting. は普通ではなく，同じ意味を表すには Linda was seated. とする必要がある。

なお，be standing up や be sitting down は，以上のような状態の意味のほか，「...しようとしている」という動作の意味でも用いられる。

(7)　As they *were sitting down* at the table, Diane said, "Kelly, I don't think we did this alone."
　　　　　　　　　　　(S. Sheldon, *Are You Afraid of the Dark?*)
　　　(二人がテーブルにつこうとしたときにダイアンは「ケリー，これは私たちだけでできたわけじゃないわ」と言った)

第Ⅰ部　語法・文法編　　77

72 He is sure to come to the party.

　標題の He *is sure to* come to the party. は「彼は必ずパーティに来る（と話し手が思っている）」という意味を表す。したがって，主語には通例，一人称の代名詞はこない。

　しかし，I *am sure to* lose the election. のように，to 不定詞に自分の意志ではコントロールできない行為を表す動詞がくると，「私はきっと選挙に負けると思う」という意味になり，一人称主語の場合も言えるようになる。

(1) "If you come here often, we*'re sure to* bump into one another again." 　　　　　　　　　(S. Brown, *Smash Cut*)
（「よくここに来ているのだったらまた偶然に会うかもしれないね」）

　このほか，be sure to は，アメリカ英語を中心に will be sure to の形式でも用いられる。このときは主語の人称にかかわらず，will は主語の意志を表す。

(2) "I*'ll be sure to* tell him."

　　　　　　　　　　　　　　(S. Sheldon, *Tell Me Your Dreams*)
（「必ず彼に伝えます」）

(3) He *will be sure to* come to the party.

　　　　　　　　　　　　　　　　（ネイティブ・スピーカー提供）
（彼は何としてもパーティに来るつもりだ）

　したがって，上記の lose などの動詞は，意志を表す will とは嚙み合わないので，?I *will be sure to* lose the election. や ?He *will be sure to* lose the election. という表現は「私は選挙に負けるつもりだ」「彼は選挙に負けるつもりだ」という意味になり，特殊な場合を除いては不自然な言い方となる。

73　There came a time ...

　いわゆる存在を表す there is/are 構文の場合，堅苦しい言い方や書き言葉では be 動詞以外の動詞が用いられる。

　「堅苦しい書き言葉」という点を考慮して，(4) と (5) に英米の新聞から例を挙げておく。

(1) "*There came* a time after the murder when the media paid a lot of attention to Marie Gesto's disappearance."
(M. Connelly, *Echo Park*)
（「殺人事件の後，メディアがマリー・ゲストの失踪を大きく取り上げたんだ」）

(2) *There followed* an even longer silence.
(J. Archer, *The Eleventh Commandment*)
（さらに長い沈黙がその後に続いた）

(3) And yet *there remained* some mysteries.
(M. Puzo, *Omertà*)
（それでもまだ不可解なことが残っていた）

(4) Then *there entered* into the hall the Holy Greal covered with white samite.　(*The Times*, January 17, 2004)
（それからホリー・グリールが白いサマイト（中世の厚地の絹織物）をまとってホールに現れた）

(5) Early in the war in Moscow *there lived* a woman named Lida.　(*The New York Times*, November 22, 2009)
（戦争が始まった頃モスクワにリダという名の女性が住んでいた）

　データベースを調べる

　COCA Corpus で there の後にくる動詞の頻度を調べると，seems, appears, came, exists, remains, stood, followed（動詞の時制に注意）が上位にランクされた。状態を表す動詞が多いことが分かる。

74 単数名詞を受ける they

　従来は，somebody を代名詞で受ける場合，性に関係なく he/his/him を使っていたが，性差別の観点から見直され，男女共通の he or she / his or her / him or her が使われるようになった。

　しかし，この言い方も回りくどいため，文法的には間違っているが，性の区別をしなくて済む they/their/them が somebody のような単数名詞を受ける代名詞として採用されるようになった。今では話し言葉だけでなく，書き言葉でも認められている（堀内克明・V. E. ジョンソン (*ST* Feb. 13, 2004)）。

(1)　You can't kidnap *somebody* in *their* own house.

(Panic Room シナリオ)

（人をその人の家から誘拐なんてできないよ）

このほか，nobody, no one, everybody, everyone, anybody, anyone なども口語では they/their/them で受けることができる。

(2)　Elaine gazed around the room at her guests and smiled glassily at George Lancaster. "*Everyone* seems to be having a good time, don't *they*?"

(J. Collins, *Hollywood Wives*)

（エレインはパーティのゲストを部屋中じっと見渡してから，うつろな目をしてジョージ・ランカスターに微笑みかけた。「みんな楽しんでいるようね」）

(3)　Finally the credits roll. A dedication, "For HANK". *No one* moves from *their* seats. (Simone シナリオのト書き)

（最後にクレジットが流れる。献辞。「この映画をハンクに捧げる」席を立つ者は誰もいない）

次はこれに関連する興味深い実例である。

(4) では犯人は一人か複数か分からないにもかかわらず，刑事は

性を特定しないで済むだけでなく，単数の意味も表せる they を使って犯人に言及している。

(4) "*They* could have grabbed her keys, taken her car, but *they* didn't." "*They*?" The detective smiled. "It's easier than saying "*he or she*." It might have been one person, might have been more. We just don't know at this point." (L. Barclay, *No Time for Goodbye*)
（「犯人は彼女のカギを奪って車を盗もうと思ったら盗めたが，実際にはそうしなかった」「彼らって？」刑事は微笑んで言った。「they と言うほうが he or she と言うよりも楽なのです。犯人は一人かもしれなし，複数かもしれない。今のところは分からない」）

役に立つ情報を探す

単数名詞を受ける they/their/them の使用の歴史は古く，*The American Heritage Guide to Contemporary Usage and Style* には W. Thackeray が *Vanity Fair* (1847) の中で使っているという指摘がある。

また，藤井健三『アメリカの英語』は E. Hemingway の *The Sun Also Rises* (1926) から (5) の例を引用している。

(5) *Nobody* that ever left *their* own country ever wrote anything worth printing.
（祖国を捨てた人間で印刷に値するものを書いた者は一人もいない）

さらに，LDCE (初版，1978 年発行) には，すでに *Somebody* lost his/*their* coat. という例が挙がっている。

75　in vain と to no avail

「...したがだめだった」という場合，私たち日本人はよく but in vain という表現を使う。確かにこの表現も用いられるが，頻度としては but to no avail のほうが断然高い。

(1) He had begun to will the phone to ring, *but in vain*.
(R. Rendell, *The Rottweiler*)
（彼は電話が鳴ったらいいのにと思い始めていたが，電話は鳴らなかった）［この will は動詞用法］

(2) I'd tried to make small talk with him, *but to no avail*.
(B. T. Bradford, *Where You Belong*)
（彼と世間話をしようとしたが，だめだった）

in vain は tried in vain to do の形式で用いられることが多い。

(3) Scherff *tried in vain to* discern what Memphis was telling Trumann.　(J. Grisham, *The Client*)
（シャーフはメンフィスがトルーマンに何を言っているのか聞き取ろうとしたが無駄だった）

データベースを調べる

COCA Corpus で出現数を調べると，but in vain が 25 例であるのに対して，but to no avil は 185 例という結果が得られた。

ネイティブ・スピーカーに聞く

あるイギリス人は，この他の言い方に，but it was no use / but I had no luck / but it was hopeless などがあると教えてくれた。

(4) I'd tried talking to Rabbit, *but it was hopeless*.
(N. Hornby, *Slam*)
（ラビットと話をしようとしたが，だめだった）

76　visit

　visit と聞けばすぐに「訪問する」という訳語が思い浮かぶが, この語は正確には「ある場所に少しの間だけ行く」という意味である。したがって, 目的語には地名や部屋だけでなく, 次のように bathroom や grave もとることができる。

(1)　She parked her car, grabbed her backpack, and went inside the building. After *visiting the bathroom*, she stood in line for a coffee and a doughnut.

　　　　　　　　　　　　　(A. Shreve, *A Wedding in December*)

　　(彼女は車を停めると, バックパックをつかみ建物に入っていった。トイレに寄り, コーヒーとドーナツを買おうと列に並んだ)

(2)　"I met her by chance in the cemetery. She was *visiting his grave* and introduced herself to me."

　　　　　　　　　　　　　　　　　　　(S. Brown, *White Hot*)

　　(「共同墓地で偶然, 彼女に会ったんだ。彼女は彼のお墓参りをしていたんだが, 私に自己紹介をしてくれたよ」)

　ネイティブ・スピーカーに聞く

　あるアメリカ人によると, visit は通例, 小さな場所には用いず, ?*visit* the kitchen や ?*visit* the telephone booth は不自然だという。ただし, トイレの場合は婉曲語法 (euphemism) として例外的に認められるとのことである。

　同氏は, 排泄行為を連想させる go to the bathroom/restroom よりも一時的に部屋を使用することだけを表す visit のほうが特に女性には好まれると指摘している。

　このほか, visit (one's) home という言い方も可能で, 「実家に帰る」ことや「一時的に家に戻ってまたすぐに出かける」場合に用いられる。

77　X woke to Y

動詞 wake は前置詞か不定詞の to を従えてよく用いられる。

(1) The morning of the auction, I *woke up to* a blustering snowstorm.
　　　　　　(J. M. Glazner, *Smart Money Doesn't Sing or Dance*)
（オークションの朝，荒れ狂う吹雪で目が覚めた／目が覚めると荒れ狂うような吹雪だった）

(2) Nick *woke to* the sway of the train and the snores of his brother on the bottom bunk.
　　　　　　(R. Goddard, *Days without Number*)
（ニックは列車の揺れと下のベッドで寝ている弟のいびきで目が覚めた）

(3) She *woke to* see light seeping around the edges of the pulled curtains.　　(L. Howard, *Cry No More*)
（彼女が目覚めると，朝の光がカーテンの隙間から入り込んでいた）

(4) Danny *woke to* find he was fully dressed.
　　　　　　(J. Archer, *A Prisoner of Birth*)
（ダニーは目覚めると服を着たままで寝ていたことが分かった）

　ネイティブ・スピーカーに聞く

X woke to Y では to が不定詞の場合，動詞は see か find のことが多く，結果の意味を表す。一方，to が前置詞の場合は，「目覚めたすぐ後に X が Y を経験する」という意味のときと「Y が原因で X が目覚めた」という意味のときがある。後者の意味であることを明示するには X was awakened by Y の形式を使う。

(5) Ferras *was awakened by* Bosch's call.
　　　　　　(M. Connelly, *The Overlook*)
（フェラスはボッシュの電話で起こされた）

78　If I was you

仮定法では be 動詞は were を使うが，くだけた言い方では代わりに was が用いられる。

(1)　"I wish she *was* still here." "So do I."

(N. Sparks, *A Bend in the Road*)

（「まだここに彼女がいたらいいんだけど」「そうだね」）

If I were you などの決まり文句の場合も，くだけた言い方では was が使われる。また，新聞のようなジャーナリズムの英語でもこの表現は使われることがある。

(2)　"*If I was you*, I'd stay inside for the next couple of days."　　(L. Sanders, *The Seduction of Peter S.*)

（「私があなたなら，ここ数日は家にいるよ」）

(3)　*If I was you* I would get off at this floor, because this elevator is only going down.

(*The New York Times*, Jan. 20, 2009)

（私があなたなら，この階で降りる。このエレベーターは下にしか行かないから）

データベースを調べる

If I was you の歴史は古く，COHA Corpus（1810 年代から 2000 年代のデータから成る）を調べてみると，数は少ないが 1810 年代から使われていた。

役に立つ情報を探す

学習英文法書である R. Murphy & W. R. Smalzer, *Grammar in Use*, *Intermediate* には If I were you と If I was you が並列して掲載されている。ここからも，この表現が一般的に用いられていることが分かる。

79 We're open/closed.

　店頭に見られる "open", "closed" という掲示はその前に We're が省略されたものである。ここでは, we は「話し手が働いている, あるいは係わっている会社, 仕事, 組織」などを指している (ALED)。日本でときに見られる "close" という掲示は誤りである。

(1) "There are lots of vehicles in our car park — *we're open* over Christmas," Vincent told her.　(K. Follett, *Whiteout*)
（「今たくさんの車がうちの駐車場を利用しています。クリスマスの間も営業しているものですから」とビンセントは彼女に言った）

(2) "*We're closed*," Erica yelled, but the woman kept tapping.　Finally, Erica went to the door and opened it. "Look, *we're closed* today.　I am sorry," she said.

(C. D. Hill, *An Unmarried Woman*)

（「休みです」と大声でエリカは叫んだが, その女性はドアをノックし続けた。とうとうエリカは戸口まで行ってドアを開け, 「あのね, 今日は休みなんですよ。すみませんね」と言った）

このほか, 特定の動詞と we が結びつくと, we が車や品物を指すこともある。

(3) *We were parked* across from the Morse Hotel.

(L. Sanders, *The Tomorrow File*)

（私たちはモースホテルの真向かいに車を止めた）

(4) The owner of the shop said, "Would you like to buy a lottery ticket?"　"No, thanks."　"It's the last one. *We're all sold out*, except for this one."

(S. Sheldon, *The Million Dollar Lottery*)

（店のオーナーは「宝くじを買いませんか」と言った。「結構です」「最後の一枚で, ほかは全部, 売れてしまったんだけど」）

80　what with X and (what with) Y

what with X and (what with) Y は，周知のように「X やら Y やらで」(= because of X and Y) という意味で用いられる。

(1) She loved clothes, and recently she had needed a new outfit every day, *what with* personal appearances *and* television talk shows.　　(J. Collins, *Hollywood Husbands*)
(彼女は服装に興味があり，最近ではきれいに見せるため，あるいはテレビのトーク番組に出るために，毎日新しい服を必要とした)

「ネイティブ・スピーカーに聞く」
あるアメリカ人によると，この表現は二つのものについて用いられることが多いが，いくつかをリストアップする場合も，一つのものだけを挙げる場合にも使われるという。

(2) *What with* overwork, bad sleep, a sleepless baby, and a lumpy mattress, I am exhausted.
(働き過ぎたり，よく眠れなかったり，子どもが夜中に起きたり，マットレスがごつごつだったりして私は疲れきっている)

(3) *What with* all the noise last night, I could hardly sleep a wink.
(昨夜の騒音で眠れなかった) [*With* all the noise last night に比べ，憤慨の気持ちを含む]

また，あるオーストラリア人はこの表現は少し古風に聞こえるため，between X and Y のほうが普通であるとコメントしている。

(4) *Between* everything he'd been through *and* his general fatigue, he was at the end of his patience.
(R. Cook, *Terminal*)
(いろいろなことがあったり疲労の蓄積で彼は我慢の限界だった)

81　When do you go to Egypt?

　現在時制は未来の出来事についても用いられる。しかし，それは The concert *begins* at 7:00. のように，ある出来事の発生が現在の段階ですでに確定的である場合に限られる。

　次例では，聞き手のエジプト行きはすでに決まっているため，未来のことではあるが，話し手は現在時制を用いて尋ねている。

(1) "When *do you go* to Egypt?" "Two weeks from tomorrow."　　　　　　　　　　　(R. Alley, *Shampoo*)
（「エジプトへはいつ行くのですか」「明日から2週間です」）

　また，上のような単文ではなく，複文や重文のときにも未来を表す現在時制が用いられることがある。この場合には，確実に未来の出来事は起きるという含みがあることから語用論的に保証や脅迫などの効力を持つことが多い。

(2) "If you win, you *get* ten thousand dollars."
(S. Sheldon, *If Tomorrow Comes*)
（［ポーカーの勝負で］「勝ったら君は1万ドルもらえる」）［保証］

(3) "Don't move or the boy *dies*!"
(H. Robbins, *The Adventures*)
（「動いたら子どもは死ぬことになるぞ」）［脅迫］

ネイティブ・スピーカーに聞く

　未来の出来事に関して現在時制を使って質問する場合と will を使って質問する場合とでは，話し手の確実性に対する捉え方が違うので，次のように答え方も変わってくる。

(4) "When *do you start* your new job?" "Next Monday."
(5) "When *will you start* your new job?" "Oh, some time next month."

82　an ashtray in which to stub out

ペーパーバックを読んでいると，ときに次のような「前置詞＋関係代名詞＋to 不定詞」の形式が用いられた例に出くわす。

(1) I looked for an ashtray *in which to stub* out my cigarette.　　　　　　　　　　(H. Robbins, *Betsy*)
（タバコの火を揉み消すための灰皿を探した）

(2) Having checked all the bedrooms—seven in all—Danny selected one of the smaller rooms *in which to spend* his first night.　　(J. Archer, *A Prisoner of Birth*)
（全部で七つあったベッドルームを見て回った後，ダニーは最初の夜を過ごす部屋を小さいほうの部屋から一つ選んだ）

[ネイティブ・スピーカーに聞く]

これは以下のような構文と関連する。ネイティブ・スピーカーのコメントを添えて示す。

(3) They have no house *to live in*.
　　［普通の言い方］
(4) They have no house *in which to live*.
　　［(3) の堅苦しい言い方で，口語では用いられない］
(5) They have no house *in which they can live*.
　　［同様に堅苦しい言い方で (4) より頻度は低い］

[役に立つ情報を探す]

この構文は前置詞がある場合にのみ可能である。したがって，(6) のようには言えない (M. Swan, *Practical English Usage*)。

(6) *I need a book *which to read*.
(7) Mary needs a friend *with whom to play*.

第 I 部　語法・文法編　　89

83 You will go home now.

　命令を表すには通例,命令文が用いられるが,助動詞 (will),準助動詞 (be going to) それに進行形 (be -ing) を二人称主語で用いても「命令」の意味を表すことができる。

　ただし,これらの表す命令という意味は,文脈から生じる語用論的な意味である。

(1) "*You will* go home now and *you will* get some sleep. The important thing is to conserve your strength."

(I. Wallace, *Word*)

(「さあ,家に帰って少し眠りない。大事なのは体力を温存しておくことだ」)〔医師の言葉〕

(2) Causey threw down a pack of cigarettes he had been fiddling with. "*You're not going to* push me around." "I'm not pushing you around."　　(P. Anderson, *Nurse*)

(コージーはもてあそんでいたタバコの箱を投げ捨てた。「あれこれと俺に指図をするな」「指図なんてしていません」)

(3) "I have a plane to catch at ten o'clock." "*You're not going* anywhere, just yet," she said firmly.

(H. Robbins, *Betsy*)

(「10時の飛行機に乗らないといけない」「まだ,どこにも行ってはいけないわ」と彼女はきっぱりと言った)

ネイティブ・スピーカーに聞く

　ネイティブ・スピーカーによると,これらの言い方は,*You will do / are doing / are going to* do your homework immediately. のように親が子どもに向かって言うことが多く,大人に対して使われる場合には深刻で,ときには脅迫にさえ聞こえるという。

　なお,このうち,一番命令の気持ちが強いのは will であるが,please を付けると,少しだけ口調をソフトにすることができる。

84　Will I …?

　筆者は1960年代半ばに「will は意志を表すので，Will I …? とは言わない」と習ったが，現在では，いわゆる単純未来の意味でこの形式は使われている。

(1) "It's a special place." "Where is it?" "It's a surprise." "*Will I* like it?" "You'll love it," he said.
(N. Sparks, *Notebook*)
（「それは特別な場所だよ」「どこにあるの」「まだ言わないよ」「気に入るかしら」「絶対，気に入るよ」と彼は言った）

(2) "How are you feeling?" "Much better. *Will I* have any scars on my …?" She didn't finish the question. "No."　　　　　(H. Robbins, *The Lonely Lady*)
（「気分はどうかな？」「大分，よくなったわ。先生，手術の後の傷は残るのかしら。私の…」彼女は最後までは言わなかった。「いや，大丈夫だよ」）

役に立つ情報を探す

　この単純未来の Will I …? は本来，shall が用いられていた領域に will が入り込んだものである。今では，この領域にさらに be going to も侵入してきている。ここから，たとえば医師に「先生，私はよくなるのでしょうか」と尋ねる場合，次の三とおりの言い方が可能となる（柏野健次『意味論から見た語法』）。

(3) *Shall I* get better, doctor?
(4) *Will I* get better, doctor?
(5) *Am I going to* get better, doctor?

　ただし，この意味の Shall I …? はイギリス英語で，アメリカ英語では Shall I …? は「…しましょうか」という提案の意味で使われる。

85　without -ing

without -ing は「予期，期待されていることをしないで」という意味であるから訳語としては「…もしないで」が適当である。

(1) He kissed her, and left *without saying* another word.
(D. Steel, *Impossible*)
(彼は彼女にキスをするとそれ以上何も言わないで出ていった)

(2) *Without warning*, a bus came to a halt by her side.
(J. Archer, *False Impression*)
(何の前触れもなく，一台のバスが彼女の横に停まった)

(3) For a moment, they worked *without speaking*, listening to the music.　　(N. Sparks, *True Believer*)
(しばらくの間，彼らは音楽を聴きながら言葉も交わさずに働いた)

(4) He ran out just in time to see two masked armed men escaping from a neighboring jewelry shop. *Without thinking* Pippi drew his gun and fired at the men.
(M. Puzo, *The Last Don*)
((借金取り立て屋の) ピッピが走って外に出たら，ちょうど覆面姿の男が二人，武器を持って隣の宝石店から逃亡するところだった。考えもなく彼は自分の銃を抜き，二人をめがけて発砲した)

[データベースを調べる]

Kashino Database と COCA Corpus の検索結果を総合すると，-ing の箇所には，looking, saying, thinking, knowing などがよく用いられている。特に，looking は群を抜いて頻度が高い。

(5) "I'll call you later."　She hurried from the restaurant *without looking* back.　　(J. Collins, *Drop Dead Beautiful*)
(「あとで電話するわ」と言って振り返りもしないで彼女はレストランから足早に去っていった)

語法ファイル

away と back

X away は現在から見て未来の出来事が X で示される期間が過ぎれば起こることを表すのに対して，X back は現在から見てある出来事が X で示される期間の前に起きたことを表す。

(1) She looked at her watch. The meeting for this evening's broadcast was half an hour *away*.
(S. Sheldon, *The Sky Is Falling*)
（彼女は時計を見た。今日の夕方のニュースの打ち合わせは30分後の予定だった）

(2) "He lost his wife a couple of years *back* in a car accident." (N. Sparks, *A Bend in the Road*)
（「彼は数年前に交通事故で奥さんを亡くしている」）

beside oneself

beside oneself は英和辞典には「我を忘れて」という訳語が載っているが，正確ではない。

beside oneself は「激しい感情のため自分を見失って，きちんと物が考えられない状態」をいうのに対して，「我を忘れて」は「何かをしていて夢中になる」という意味だからである。

(1) Max was *beside himself*. "Why didn't you warn me?" he complained. (J. Collins, *Hollywood Divorces*)
（マックスは自制が利かなくなった。「どうして言っておいてくれなかったんだ？」と彼は文句を言った）

(2) "How about tomorrow? We were going to take a sail out to some islands. Would you like to join us?"

Sam was instantly *beside himself* with the sheer joy of it. (D. Steel, *Bittersweet*)
(「明日あたりはどうでしょうか。島までセーリングに出かけるつもりなんですけど，一緒に来ませんか」サムはそれを聞いた途端，嬉しくて嬉しくてたまらなかった)

この表現は be *beside oneself* with happiness/anger/worry/excitement の形式で用いられることが多い。

a big spender

big が行為者名詞に付いて「人よりもある行為を頻繁にする」という意味を表すことがある。

(1) He had the reputation of being a *big spender*.
(D. Baldacci, *Absolute Power*)
(彼は金遣いが荒いという評判だった)
(2) "I had no idea you were such a *big gambler*."
(J. Collins, *Drop Dead Beautiful*)
(「あなたがそんなにもギャンブル好きだとは知らなかった」)
(3) "Neither of them was a *big drinker*."
(D. Steel, *Lone Eagle*)
(「二人ともあまりお酒は飲まなかった」)
(4) "What do you like to read, Mr. Hanis?" "I'm not a *big reader*." (S. Sheldon, *Tell Me Your Dreams*)
(「ハニスさん，どんな本が好きですか」「あまり本は読みません」)

このほか，a big liar (大ウソつき)，a big eater (大食漢)，a big shopper (買い物好き)，a big womanizer (= A man who has affairs with lots of women) などがある。

busy

busy は I'm busy. のような使い方のほか,「(場所などが) 人であふれている」という意味でも用いられる。

(1) The hospital was *busier* than ever.
(S. Sheldon, *Nothing Lasts Forever*)
(病院はこれまでになく,人であふれかえっていた)

(2) The restaurant was *busy*.　(H. Robbins, *The Storyteller*)
(レストランはにぎやかだった)

|ネイティブ・スピーカーに聞く|

この busy には「人が動き回っている」という含みがあるので,上の例にように, hospital や restaurant の場合は busy が使えるが,「列車が混んでいる」という意味で *The train is *busy*. と言うことはできない。

なお,この意味の busy は名詞を修飾することもでき, busy hospital あるいは busy restaurant という表現が可能である。

busy week

busy week というのは「(ある人にとって) 忙しい週」という意味で,「week が busy である」という意味ではない。これは転移修飾語 (あるいは転喩) と呼ばれる。修飾される名詞は多くの場合,時間を表すものである。

(1) "I've been wanting to call you," he said "but it's been an awfully *busy week*."
(M. H. Clark, *On the Street Where You Live*)
(「ずっと電話したいと思っていたんだけど,今週はすごく忙しくてね」と彼は言った)

(2) I was having *difficult days* at the agency, Tolchin and I were arguing bitterly.

(A. Corman, *The Old Neighborhood*)

(代理店ではつらい日が続いていた。トルチンと私は辛らつに言い合っていたからである)

very dead

dead が文字どおりの意味で使われる場合,「完全に死んでいる」という意味で very dead という表現が用いられることがある。

(1) "Is it [=a rat] dead?" "*Very dead*, Elaine" "Get it out." (C. Webb, *Home School*)

(「ネズミは死んでいるの?」「完全にね,エレイン」「外に出してよ」)

(2) Back on the island Dr Caractacus Jones had examined the body and pronounced it *very dead*.

(F. Forsyth, *The Deceiver*)

(島に戻ると,カラクタカス・ジョーンズ博士はすでに検死を行い,死亡を確認したと発表していた)

|役に立つ情報を探す|

田中廣明『語法と語用論の接点』によると,very dead が人間に使われると,上記の意味のほか,「死に方がひどい」「本当に死んでしまって,もう戻らない」というように,死んだ人に対する話し手の感情が表現されることがあるという。

decide の一用法

decide は「決定する」という意味のほかに,次のように「判断する」「思う」という意味で用いられることがある。

(1) Al *decided* it was probably the best meal he had eaten in his entire life.　　　(J. Collins, *Lovers and Gamblers*)
（こんなおいしい食事は生まれて初めてだろうとアルは思った）
(2) "I'm sure that your exhibition will be a huge success, darling." There was no way to back out now, Jean *decided*.　　　(J. Elbert, *Red Eye Blues*)
（「展示会はきっと大成功よ」もう後戻りはできない，とジーンは思った）

ネイティブ・スピーカーに聞く

ネイティブ・スピーカーは，この decide は「考えた末に結論に達する」ことを表し，「決定する」という意味とあまり変わらないと言うが，日本人の立場からは別の語義と考えたほうが理解しやすい。

Have you ever gone to …?

経験の意味を表す現在完了形は have been で，have gone は完了や結果を表すと言われる。しかし，have gone も経験の意味で使われる。

(1) "*Have* you ever *gone* to where it happened, visited that place where he died?"　　(P. Cornwell, *Unnatural Exposure*)
（「その事故が起こった場所，つまり彼が亡くなった場所に行ったことがありますか」）

ネイティブ・スピーカーに聞く

これはアメリカ英語であると言われているが，必ずしもそうではない。あるオーストラリア人は have gone は経験の意味でも使うとコメントしている。

(2) A:　Have you ever been overseas?

B: I *have gone* to England a couple of times before.

(A:「海外に行ったことがありますか」 B:「これまでにイギリスに何度か行ったことがあります」)

keep early hours

　この表現は,「早寝早起きする」という意味で1970年代初頭に刊行された英和辞典にはたいてい挙げられていた。

　keep good hours ともいうが, これは当時の英和辞典には掲載されていない。次は「夜遊びしない」の意味で用いられている。

(1) "He *keeps better hours* than you ever did. He comes home long before dawn." (I. Wallace, *The Almighty*)
（「彼はあなたよりも, まともな生活をしているわ。夜明けに帰ってきたりはしないもの」）

ネイティブ・スピーカーに聞く

　あるネイティブ・スピーカーによると, keep early hours は稀な表現だという。keep good hours のほうがよく使われるが, それでも頻度はあまり高くないとのことである。

three Martinis later

　通例, later の前には two weeks later のように, 時間を表す語句がくるが, 小説ではときに本来, 時間を表さない表現が later の前に用いられて時間の経過を表すことがある。

(1) *Three Martinis later* she was feeling delightfully dizzy.
(J. Collins, *Thrill!*)
（マティーニを3杯飲んだら, 彼女はくらくらするような感じで気持ちよくなっていた）

(2) He passed a wagon that Jonah had left outside. *A few steps later*, he reached the shed.

(N. Sparks, *A Bend in the Road*)

(彼はジョナが外に置いていたワゴンのそばを通り過ぎ，数歩，歩いて物置小屋に着いた)

upper lip

lip には上唇 (upper lip) と下唇 (lower lip) がある。upper lip には日本語でいう「鼻の下」も含まれる。したがって，口ひげの生えている所や汗をかく所も upper lip と呼ばれる (鈴木孝夫『ことばと文化』)。

(1) Kit glued the moustache to his *upper lip* and put on the wig. (K. Follett, *Whiteout*)
(キットは鼻の下に口ひげをのりで付け，かつらをかぶった)
(2) He wiped the sweat off his *upper lip* and took several deep breaths before lifting the telephone receiver.

(S. Brown, *Hello, Darkness*)

(彼は鼻の下の汗をぬぐい，数回深呼吸をした後で電話の受話器を取り上げた)

since -ing

since が前置詞として後に -ing をとることがある。ペーパーバックを読んでいると，ときに目にする表現である。

(1) Huff put a match to his second cigarette *since leaving* the hospital. (S. Brown, *White Hot*)
(ハフは退院してから2本目になるタバコに火をつけた)
(2) Kit had not found employment *since being* fired by his

father. Unfortunately, he had continued to gamble.

(K. Follett, *Whiteout*)

(キットは父親に解雇されてから仕事が見つからなかった。残念なことに, 彼はギャンブルをやめられなかったのだ)

ネイティブ・スピーカーに聞く

たとえば, (1) は Huff put a match to his second cigarette *since* he left the hospital. と書き換えられる。ネイティブ・スピーカーによると, since -ing は書き言葉では結構用いられるという。

in town / out of town

この表現では town は自分の住んでいる特定の町や都市のことを指す。この town は数えられない名詞であり, 冠詞は付かないため, *in/out of *the* town とは言わない。

(1) "Are you staying *in town* for a while?" "I'm leaving this afternoon." (S. Brown, *White Hot*)
(「しばらく, 町にいるのか」「今日の午後に町を出る」)

(2) "I wanted to talk to George Wheeler." "He's *out of town*," Naomi answered. (I. Wallace, *Word*)
(「ジョージ・ウイーラーとお話がしたいのですが」「彼は今, 出張中です」とナオミは答えた)〔仕事上の会話なので「出張中」の意味になる〕

ネイティブ・スピーカーに聞く

住んでいる所が田舎 (countryside) の場合は, in town に当たるのが at home で, out of town に当たるのが away from home である。

第 II 部

口語英語編

1 <u>Am I glad …!</u>

　感嘆の気持ちを表すには,いわゆる感嘆文を使えばいいのであるが,このほか,主語と動詞を倒置することによって,感嘆の意味を表すことができる。この場合,動詞は be 動詞でも一般動詞でも構わない。また,動詞は肯定形も否定形も用いられる。

(1) Finally Jimmy Maitland said, "Jesus, *am I* glad that's over."　　　　　　　　　　　　　　(C. Coulter, *Blow Out*)
(ジミー・メイトランドは「やれやれ,終わってホッとしたよ」と言った)

(2) "How exciting!(中略) *Isn't it* exciting!"
(U. Hall, *But Not for Long*)
(「ワクワクするわ。本当に」)

(3) "Did you scream?" I asked her. "*Did I* ever!" she said with a wry smile. "I yelled my head off."
(L. Sanders, *The Seduction of Peter S.*)
(「叫んだのか」と私は彼女に聞いた。「叫んだわよ」と彼女は苦笑いをして言った。「あたり一面に聞こえるほど大声で叫んだわ」)

(4) "You know I hate to be hurried along." "Oh, *don't I* just know it!" laughed Celeste.
(J. Collins, *Hollywood Wives*)
(「急がされるのが嫌いなのは分かってるわね」「分かり過ぎているくらいよ」とシレストは笑いながら言った)[修辞疑問「分からないものですか!」になっている]

[役に立つ情報を探す]

　ALED は,上の (3) の ever に関して「アメリカ英語の口語」というラベルを付け,次にくるものを強調すると説明した上で,Wow, was he *ever* funny! [= He was very funny] の例を挙げている。

2 *available*

available は人を主語にとると not busy，つまり「手があいている」「会う時間がある」という意味を表す。

(1) "Just page me," Kim said. "I'll be *available*."

(R. Cook, *Toxin*)

(「ポケットベルに電話してくれたら応対できるよ」とキムは言った）［ポケットベルがあった頃の 1998 年の作品］

(2) "Is Matt *available*?" "I'll tell him you're here." Moments later, Dana was in Matt Baker's office.

(S. Sheldon, *The Sky Is Falling*)

(「マットさんにお会いできますか」「お越しになったとお伝えします」しばらくすると，ダナはマット・ベイカーのオフィスに案内されていた）

(3) "If you'll take the elevator to the eleventh floor, Mr Higgs is *available to see* you now."

(J. Archer, *The Sons of Fortune*)

(「12 階までエレベーターに乗っていただければヒグス氏があなたにお目にかかります」)［to 不定詞を従えていることに注意］

ネイティブ・スピーカーに聞く

この表現は性的な意味を持つことがあり，たとえば女性がシングルバー (a singles' bar) で I'm available. と言えば明らかにこの意味を表す。次はこれに関連する例で，娼婦の言葉である。

(4) "Looking for me, darling? Well, I am *available*, but I charge ten dollars for half an hour."

(J. Archer, *Kane and Abel*)

(「兄さん，私を捜していたの？ 体はあいているけど 30 分で 10 ドルもらうわよ」)

3　between us

1970年代に刊行された英和辞典や英英辞典の between の項には「内緒で」「ここだけの話」の意味を表す慣用表現として，between you and me と between ourselves が挙がっている。

(1) "I'd prefer we just kept this between *you and me*," Kim said. 　　　　　　　　　　　　　　(R. Cook, *Toxin*)
(「これは，ここだけの話にしてほしい」とキムは言った)

(2) Rackin:　Can we keep this *between ourselves*?
Murphy:　Yeah.　Sure.　　　(The Base シナリオ)
(ラキン:「内緒にしておいてもらえますか」マーフィー:「ええ，いいですよ」)

これらの表現は現在でも用いられるが，この「内緒で」「ここだけの話」の意味では最近は between us と言うことが多い。

現代の英和辞典やアメリカの英英辞典には，この between us を慣用表現として挙げているものも見られる。

(3) "Remember," she said, "it's a secret *between us*."
　　　　　　　　　　　　　　(M. Puzo, *The Last Don*)
(「いいこと。私たちだけの秘密なのよ」と彼女は言った)

なお，二人の場合は，特に between the two of us と言う。

(4) "I won't say anything to Alexandra.　This will be just *between the two of us*."　(S. Sheldon, *Master of the Game*)
(「私はアレキサンドラには何も言いません。二人だけの秘密にします」)

4 the bottom line is that X

　bottom line は本来,「決算表の最終行の損益を示す数字」を表したが, 比喩的に the bottom line is that X の形式で「考えるべき最も重要なことは X」という意味で用いられる。くだけた言い方で, line に強勢を置いて読まれる。

(1)　"Hey, remember you're talking to a layperson," Cassy said. "Sorry," Pitt said. "The *bottom line* is that he can go home."　　　　　　　　　　(R. Cook, *Invasion*)
　　（［医師の話を聞いて］「あの, 素人と話をしていることを忘れないでください」とキャシーが言った。「申し訳ない」とピットは答えた。「要するに, 彼は家に帰ることができるということです」）

(2)　"I don't like your lifestyle, I don't like your friends. And I guess the *bottom line* is, I don't like you."
　　　　　　　　　　　　　(D. Baldacci, *Absolute Power*)
　　（「あなたのライフスタイルが気に入りません。あなたの友達も好きではありません。結局のところ, 私はあなたが嫌いなのです」）
　　［that が省略され, コンマになった例］

(3)　"*Bottom line*, we know who he is, but we have no clue where he is."　　　　　　　　(C. Coulter, *Blow Out*)
　　（「重要なのは, 私たちは彼が誰か分かっているが, どこにいるか全く手掛かりがないということだ」）［the と is と that が落ちて bottom line が副詞化している例］

　ネイティブ・スピーカーに聞く

　ネイティブ・スピーカーによると, この表現は the bottom line is that X の X の部分が考慮されないと, 今, 議論していることがうまくはいかないことを伝えるものだという。

5 Can I ask you something?

ペーパーバックを読んでいると，ある人が Can I ask you something? と言って相手が yes と答えたとき，その後に why で始まる疑問文が続くというパタンがあることに気づく。

(1) "Tina, *can I ask you something*?" "Anything." "*Why* do you continue to work for Fenston, when you obviously detest the man as much as I do?"
(J. Archer, *False Impression*)
(「ティナ，一つ，聞いてもいいですか」「何でもどうぞ」「どうしてフェンストンのところで相変わらず働いているのですか。私と同じように，あなたも彼を嫌っているのは，はっきりしているのに」)

(2) "*Can I ask you something*, Brian?" "Ask away." "*How come* you're with someone who doesn't even speak English?"   (J. Collins, *Hollywood Wives*)
(「ブライアン，聞いてもいい？」「何でも」「どうして英語もしゃべれない人と付き合っているの？」) [How come = Why]

│ ネイティブ・スピーカーに聞く │

あるアメリカ人は，Can I ask you something? か，それに似た質問は，相手から単に情報を引き出すだけでなく，「なぜか？」について相手に説明を求めるときによく用いられるという。

もちろん，この表現は相手から情報を引き出す場合にも使われる。

(3) "*Can I ask you something*?" Her voice broke a weary silence. "Sure," he said. "How old were you when you started smoking?"   (J. Grisham, *The Runaway Jury*)
(「質問させてください」彼女の声がもどかしい沈黙を破った。「どうぞ」と彼は言った。「タバコを吸い始めたのは何歳からですか」)

6 It can wait …

「主語（多くは物）＋can wait」は「主語にくるものは重要でないから今取り扱う必要はない」という意味で用いられる。

(1) "I want to show you something. It'll take a while, so if you're sleepy, it *can wait* till tomorrow."

(S. Brown, *Smash Cut*)

(「あなたに見せたいものがあるんだけど，少し時間がかかるので，眠たいんだったら明日でもいいわ」)

(2) "Your mother wants you," she said. "I heard her," he said truculently. "I'm still tired." "You better get up," Motty said. "It's important." "It *can wait* another half an hour."　　(H. Robbins, *The Storyteller*)

(「お母さんが呼んでいるわ」とモッテイが言った。「聞こえたよ」と彼は冷たく言った。「まだ疲れがとれないんだよ」「起きてよ。大事なことなのよ」と彼女は言った。「あと30分くらい，待てるだろう」)

次のように，疑問文や否定文でも用いられる。

(3) "Can I talk to you a minute, Adam?" "*Can* it *wait*, Chuck? I'm in the middle of—" "I don't think so."

(S. Sheldon, *Rage of Angels*)

(「アダム，ちょっと話できるかな」「チャック，後にできないか。俺は今ちょうど…」「いや，待てないな」)

(4) "Anne, let me at least hold things over until Thursday." (中略) "No, Alan, the decision *can't wait*."

(J. Archer, *Kane and Abel*)

(「アン，この件の結論はせめて木曜まで待ってくれ」「だめよ，アラン。それまで待てないわ」)

7 could use

　口語では，could use は need とほぼ同じ意味を表し，要求を控えめに言うときに「…があってもいい」という意味で用いられる。一人称主語 (I, we) で用いられることが多いが，(3) のように主語に無生物をとることもできる。

(1) "I think I *could use* a drink," he said. "I'll fix it for you," I said. 　　　　(H. Robbins, *The Lonely Lady*)
（「一杯飲みたいな」と彼が言うと「作るわ」と私は答えた）

(2) "I *could use* a little fresh air."

(L. Sanders, *Guilty Pleasures*)

（「新鮮な外の空気を少し吸いたい」）

(3) "He's pretty to look at, but his manners *could use* some improvement. He didn't even have the courtesy to say good-bye." 　　　　(S. Brown, *Smash Cut*)
（「彼は外見はハンサムだけどマナーを直してもらわないといけないわね。『さようなら』も言えなかったのよ」）

役に立つ情報を探す

　ALED は，could use は could do with とほぼ同じ意味であるとして，I *could use/could really do with* a cup of hot coffee right now.（熱いコーヒーがほしい）の例を挙げている。

ネイティブ・スピーカーに聞く

　しかし，あるオーストラリア人は，この二つの表現に違いを認め，以下のように書き換えられると指摘している。

(4) I *could do with* some coffee. = Let's have some coffee.
(5) I *could use* a coffee. = Would you make me a coffee?

8 Don't thank me. と Don't be sorry.

この二つの表現は，相手が感謝したり，陳謝したりしたときの受け答えとして使われる。くだけた言い方である。

(1) "Thanks, Reggie," Trumann said.　She nodded at the distant clouds.　"*Don't thank me*," she said.　"Thank Mark."　　　　　　　　　　　　(J. Grisham, *The Client*)
（「レジー，礼を言うよ」と（FBI 捜査官の）トルーマンは言った。レジーは遠くの空を顎で示した。「私に礼なんかいいのよ。お礼なら（今，飛行機で飛んでいった）マークに言って」）[Thank Mark. との対比に注意]

(2) "I'm sorry," Allie said.　"I had no idea this would happen."　Noah shook his head.　"*Don't be sorry*."
(N. Sparks, *Notebook*)
（「申し訳ありません」とアリーは言った。「こんなことになるとは思わなかったんです」ノアは首を横に振りながら言った。「いいんだよ」）

堅苦しい言い方ではそれぞれ，My pleasure. / That's quite all right. などと言う。

(3) "Thanks for the lunch," she said.　"*My pleasure*."
(L. Sanders, *Sullivan's Sting*)
（「昼食をご馳走さま」と彼女は言った。「どういたしまして」）

(4) "Oh! I'm sorry," she apologized.　"I didn't know anyone was in here."　Tony rose.　"*That's quite all right*."
(S. Sheldon, *Master of the Game*)
（「あっ！失礼」と彼女は謝罪した。「ここに人がいるとは思わなかったもので」トニーは立ち上がって「構いませんよ」と言った）

9 a he と a she

a man の意味で (a) he を，a woman の意味で (a) she を使うことがある。新生児や動物の性別を知りたいときに，よく Is it a he or a she? という表現が用いられる。ALED はこの用法の he や she を名詞に分類している。

(1) "I've been seeing a shrink." "Uninterruptedly for two weeks? He must be good." "It's *a she*."
(C. D. Hill, *An Unmarried Woman*)
(「精神科医にずっとかかっているの」「2週間連続で？ 彼はさぞかし優秀なんでしょうね」「女性なのよ」)

(2) "And what do you mean you're trying to locate your client? You mean he disappeared?" "*She*, Al. She disappeared. But I have another client, *a he*, who's also looking for *the she*."   (L. Sanders, *Guilty Pleasures*)
(「依頼人の居所を突き止めようとしているってどういうことなんだ？ 彼は行方不明にでもなったのか」「依頼人は女性なんだよ，アル。彼女が行方不明になってしまったんだ。でも僕にはほかの依頼人もいて，それは男性なんだが，彼も彼女のことを探している」)
[he と相手が言ったので she と訂正し，二度目に言及するときには the she という表現を使っていることに注意]

これとは別に，電話で本人が応答した場合に This is he/she. などと言うこともある。この he や she は代名詞である。

(3) "Hello?" "I'd like to speak to Mrs. Jardine, please." "*This is she*."   (B. T. Bradford, *A Secret Affair*)
(「もしもし」「ジャルダンさんをお願いしたいのですが」「私です」)

10 Crane here.

　これは電話などで用いられる英語で,「こちらクレーンです」に当たる。電話をかけた側の人も電話に出た人も使える表現である。

(1) The telephone rang as the little man went back to the bar. "I'll get it," Judd said, picking it up. "Crane *here*." 　　　　　　(H. Robbins, *Descent from Xanadu*)
（その小さな男が（家の）バーに戻ると電話が鳴った。「私が出る」と言ってジャドは受話器を取った。「こちら，クレーン」）

(2) After Victoria had gone, McAllister pressed the intercom button on his telephone and stood by until he heard Harry Dietz respond. "Ollie *here*," McAllister said. 　　　　　　　　　　(I. Wallace, *The Almighty*)
（ビクトリアが出ていくのを見届けるとマキャリスターはインターホンのボタンを押してハリー・ディーツの声が聞こえるまで待った。「こちら，オリーだが」と彼は言った）

　ネイティブ・スピーカーに聞く

　あるネイティブ・スピーカーによると，これは少しくだけた言い方で，ときにはいらだちや唐突さも感じられるという。いくらか形式ばった言い方をしたい場合は，「名前＋speaking」の形を用いる必要があるとのことである。

(3) She dialled the Dew Drop Inn. The phone was answered by a cheerful young man. "Vincent *speaking*, how may I help you?" 　　(K. Follett, *Whiteout*)
（彼女はデュー・ドロップ・インに電話をかけた。元気のいい若い男が応対した。「こちら，ビンセントと申します。どういう御用件でしょうか」）

11 He is history.

　これは,「彼は歴史に残る偉大な人物だ」(He will go down in history.) という意味に解釈されるかもしれないが,実はそうではない。

　He is history. はくだけた言い方で,主語の彼は「もはや重要ではない」「過去の人である」という意味を表す。

　主語には人だけでなく,(3) のように出来事も可能である。

(1) There seemed no point in continuing the argument. She didn't have to.　Mark Rand was definitely *history*.
　　　　　　　　　　　　　　(J. Collins, *Hollywood Husbands*)
（彼女には（マークと）これ以上議論をしても無駄なように思えたし,またそうする必要もなかった。マーク・ランドは完全に過去の人だったから）

(2) "Twenty years ago they controlled some things around here, now they're *history*.　Most of them went to jail."
　　　　　　　　　　　　　　　　　　(J. Grisham, *The Summons*)
（「20年前,奴らはこの辺りを少しは取り仕切っていたが,今は様変わりした。奴らの多くは刑務所に入ってしまったからね」）

(3) "The mistakes you make today are *history* tomorrow morning."　　　　(J. Archer, *The Sons of Fortune*)
（「今日のミスは明日の朝にはすでに過去のことになるんだよ」）

[役に立つ情報を探す]

　以下の ALED からの例では, history は「会社にとっての過去の人間」ということで解雇という意味で用いられている。

(4) His boss told him that if he was late one more time, he would be *history*.　[= he would be fired]
（彼の上司は彼にもう一度遅刻をしたら首だと言った）

12 How about if …?

　周知のように，How about …? は *How about* (going to) a movie? のように，後に -ing や名詞を従えて提案の意味を表す。
　くだけた言い方では，文法的ではないが，後に節が続くこともある。特に，How about if …? の形式はよく見られる。

(1)　"*How about* we go out to some quiet place*?*"

(R. Cook, *Toxin*)

　　（「どこか静かな所へ行かないか」）
(2)　"*How about if* I make you dinner at my place*?*"

(N. Sparks, *A Bend in the Road*)

　　（「私の家で私が食事を作るというのはどう？」）

　この How about if …? は提案の意味のほか，「…だったらどうしよう？」という what if …? の意味でもときに用いられる。

(3)　"*How about if* that doesn't work*?*"

(J. le Carré, *The Trailer of Panama*)

　　（「それがうまくいかなかったら，どうなる？」）

　データベースを調べる

　The New York Times（アメリカの新聞）の website 上のデータベースで NYT Archive [1851-1980] を検索すると，How about if …? は 1970 年代後半から頻出する。中には (3) の意味を表す例も含まれている。次はその一つで What if …? と並列されている。

(4)　*What if* the shot is blocked?　*How about if* the player misses the backboard and rim completely*?*

(dated March 10, 1986)

　　（[バスケットボールで] シュートが妨げられてプレイヤーが完全にゴールをはずしたら，どうなるのか）

13 It's just that …

It's just that … は，何かに対して自分が取った言動を話し手が相手に説明するときに用いられる口語的な言い方である（MED）。

(1) I'm sorry, I didn't mean to pry. *It's just that* I really loved your book.　　　　　(White Angel シナリオ)
（申し訳ありません。詮索するつもりはなかったのです。ただ，あなたの本が本当に好きだったからです）

(2) "Anything else to report?" "I don't think so," replied the young CIA agent. He hesitated. "Except …" "Except what? Come on, spit it out." "*It's just that* I thought I recognized someone else who boarded the plane."　　　　　(J. Archer, *The Eleventh Commandment*)
（「ほかに報告事項は？」「ありません」と若いCIAのエージェントが答えた。彼はためらっていた。「ただ」「ただ何だ，言ってみろ！」「ただ，もう一人，見たことのある顔が飛行機に乗ったと思うんです」）

ネイティブ・スピーカーに聞く

ネイティブ・スピーカーによると，これは接続詞の only の用法に似ているという。

(3) I'd like to travel to California with you, *it's just that*/*only* I don't have any money.
（あなたとカリフォルニアに旅行したい。ただお金がないのです）

データベースを調べる

Kashino Database の検索では，It's just that … は236もの例がヒットした。なお，that の後には上例に見られるように代名詞の I がくることが圧倒的に多い。

14 Look at you!

　Look at you! はくだけた話し言葉で，相手の外見や置かれている状況にコメントするときに用いられる表現である。
　「すごい」というように，いい意味を表す場合も「ひどい状態じゃないか」というように，悪い意味を表す場合もある。

(1)　"Just *look at you*. You're so beautiful, Val."
　　　　　　　　　　　　(B. T. Bradford, *Where You Belong*)
　　（「すごい。きれいじゃないか，バル」）
(2)　"You used to be such a beauty," he said spitefully. "Now *look at you*."　　　(J. Collins, *Dangerous Kiss*)
　　（「昔は美人だったのに」と彼は意地悪く言った。「自分で鏡を見てみるんだな」）

|ネイティブ・スピーカーに聞く|

　あるネイティブ・スピーカーは Listen to you. という言い方も可能であると指摘している。
　同氏によると，この表現は，話し手のいらだちを込めて，「何とバカなことを言っているんだ」あるいは「同じことを何度も言っているぞ」などの意味で用いられるという。

(3)　*Listen to you*, going on day after day about how you were cheated of your money. Forget it. There's nothing you can do about it now.
　　（何度同じことを言ったら気が済むんだ。毎日，毎日，お金をだまし取られたことばかり愚痴を言って。忘れるんだ。いまさら，どうしようもないよ）

15 Lucky me/you.

　Lucky me. や Lucky you. などが独立して用いられることがある。思いがけなく,いいことがあった場合に話し手が自分自身や聞き手に向かって発する言葉である。間投詞の一種と言える。

(1) This morning, he was in faded jeans and running shoes. "No court for you," I said, for one could usually tell by the way people were dressed. "Nope. *Lucky me*," he said.　　　　　　　　(P. Cornwell, *Unnatural Exposure*)
(今朝の彼は色あせたジーンズをはき,靴はランニング・シューズだった。身なりを見ればどこに行くか分かるので,私が「裁判はないのね」と言うと,彼は「そうなんだ。ラッキーなことにね」と答えた)

(2) "He's working in Africa right now, but he's coming to San Francisco so we can be together," "*Lucky you*," Honey said wistfully.

(S. Sheldon, *Nothing Lasts Forever*)
(「彼は今はアフリカで働いているの。でもサンフランシスコに戻ってくるので一緒にいられるの」「よかったじゃないの」とハニーはやるせなさそうに言った)

| ネイティブ・スピーカーに聞く |

　あるアメリカ人によると,同じような「形容詞＋代名詞」の形式を使った表現としては,Stupid/Silly me!(俺ってなんてバカなんだ!),Clumsy me!(俺って不器用!),Clever you!(頭いいね)などがあるという。

　また同氏は,"I hear you were caught speeding." "Yeah, *lucky me*."(「スピード違反で捕まったんだってね」「ああ,嬉しいことにね」)のように皮肉としても使われると言っている。

16　man の用法

　man には間投詞としての用法と呼びかけ語としての用法がある。

[I]　間投詞：　おもにくだけたアメリカ口語で用いられ，Oh man. の形式で使うことが多い。驚き，喜びなどの感情を表し，Wow! に似た働きをする。女性も使う。

(1) "Oh *man*," Nicola said. "What?" Neve asked. "I smell blood in the water …"

(L. Rice, *The Edge of Winter*)

(「おおっ」とニコラが言うと「どうしたの？」とニーブが尋ねた。「水に血のにおいがする」)

(2) Ned:　Dewey, hey, it's the first of the month, and uh, I would like your share of the rent now, please.

　　Dewey:　Oh, *man*, you know I don't have it. You wake me up for that?

(School of Rock シナリオ)

(ネッド：「デューイ，あの，月初めだから，その，家賃の君の分を今もらえないかな」デューイ：「お前ね，俺がそんなもん持ってないことくらい分かってるだろ。せっかく寝てるのに，そんなことで俺を起こすのか？」)

[II]　呼びかけ語：　おもにくだけたアメリカ口語で用いられ，Hey man. の形式で使うことが多い。軽蔑やいらだちなどの気持ちを表す。女性に対しては使わないほうがよい。

(3) "*Hey, man*," said Reginald. (中略) "The dance is over … unless you know somebody who can play guitar."

(G. Gipe, *Back to the Future*)

(「お前な」とレジナルドは言った。「(ギタリストが怪我をしたので) パーティは終わりだ。誰かギターの弾ける奴がいれば話は別だがな」)

(4) The door opens and Robert enters. He finds Seth Abrahams in the back of the class and walks straight to him.　Robert grabs a fistful of shirt and tie.
　　Seth:　*Hey man*, what are you doing?

(Traffic シナリオ)

(ドアが開き，ロバートが入ってくる。教室の後にいるセス・エイブラハムズを見つけ，つかつかと歩いてくる。ロバートは彼の胸ぐらをつかむ。セス:「おい，何をするんだ!」)

ネイティブ・スピーカーに聞く

　あるオーストラリア人は，［I］の間投詞の man と［II］の呼びかけ語の man は発音の点で区別できるという。

　たとえば，次の (5) と (6) の man は，ともに下降調で発音されるが，(6) の man の母音は (5) の 3 倍程度，長く伸ばして読まれるとのことである。

(5)　Hey man, (↘) what time is it?　［呼びかけ語］
(6)　Maaan! (↘) It's already seven o'clock.　［間投詞］

また，同氏によると［II］の用法は，もともとアメリカの黒人英語であったが，今ではほかの英語圏にまで広がり，若者中心に使われているという。

　別のネイティブ・スピーカーによると，boy も似た働きをするが，通例，間投詞として用いられるとのことである。呼びかけ語としては失礼に響くため，次第に使われなくなってきている。

(7)　"*Boy*, am I glad I did that."　　　　(R. Cook, *Invasion*)
　　(「ああ，それができてよかった」)

17　Me (n)either.

　相手の否定の言葉を受けて「私もそうではない」と言うとき，一般的な言い方は，Neither do I. のような「Neither + (助)動詞 + I」の形式である。

　しかし，口語では Me neither. あるいは文法的には間違っているが，Me either. も用いられる。

(1)　"I don't want that to happen to her."　"*Neither do I.*"
　　　　　　　　　　　　　　　　　　　　(D. Steel, *Lone Eagle*)
　　（「彼女にはそんなことは起こってほしくない」「私もそう思う」）
(2)　"I've never been there before."　"*Me neither.* Never been out of Georgia."　　(J. Fielding, *Mad River Road*)
　　（「これまで，そこには行ったことがない」「私もだ。なにしろジョージアから出たことがないのだから」）
(3)　"I don't believe this."　"*Me either.*"
　　　　　　　　　　　　　　　　　　　(B. Meltzer, *The Millionaires*)
　　（「こんなこと信じられないな」「そうだな」）

ネイティブ・スピーカーに聞く

　複数のアメリカ人に聞くと，「自分は書き言葉では Neither do I. を使うが，口語では堅苦しい感じがする」「自分は Me neither. を使う。Me either. は若者の言葉である」などの回答を得た。

データベースを調べる

　Kashino Database の検索では，Neither do I. が36例，Me neither が27例ヒットしたが，Me either は文法的に間違っているせいか6例しか検出できなかった。しかし，COCA Corpus では，Me neither が179例，Me either は243例ヒットした。

18 You must see our greenhouse.

　一般に，You must ... は相手に強く命令するときに使われるが，親しい間柄であれば，この言い方は次のように丁寧な勧誘表現となる。

(1) "Your father mentioned that you like orchids. *You must* see our greenhouse." "Thank you."
　　　　　　　　　　　　(S. Sheldon, *Master of the Game*)
　（「あなたはランが好きだとお父さんがおっしゃっていました。是非，私たちの温室をご覧になってください」「有難うございます」）
(2) They were at a dinner party at the house of a prominent banker. "*You and Melina must* come," the banker had said. "I have a new oriental chef who makes the best Chinese food in the world."
　　　　　　　　　　　(S. Sheldon, *Memories of Midnight*)
　（彼らは著名な銀行家宅で開かれたディナー・パーティに来ていた。銀行家は彼らが来る前に「メリーナと一緒に是非，パーティに来てください。今度，世界一おいしい中華料理を作る東洋のシェフを雇いましたから」と言っていた）

|役に立つ情報を探す|

　R. Lakoff は "Language in Context" という論文で「パーティの席で自分が焼いた，あるいは自分が選んだケーキを相手に勧めるとき，You *must* have some of this cake. のように must を使うと丁寧になるが，should を使うと失礼になる」と述べている。これは人に物を勧める場合，must のような強い言い方をしないと，責任を持って物を勧めていることにはならないからである。
　なお，この場合 must の代わりに have (got) to を用いることも可能である。

19 never ever

　1985年刊行のイギリスの文献には「never ever という表現を認めない人もいる」という記述が見られるが，現在ではくだけた口語を中心に never を強めて never ever と言うのは容認されてきている。

(1)　"I never asked you for details, *never ever*."
　　　　　　　　　　　　　　　　　(J. Collins, *Lovers and Players*)
　　（「詳しいことまでは聞かなかったよ。絶対に」）
(2)　"I can promise you, I have *never ever* caused a fight between teachers."　　　　　　　(N. Hornby, *Slam*)
　　（「言っておくけど，先生同士のけんかの原因を作ったのは私ではない。絶対に」）

| ネイティブ・スピーカーに聞く |

　しかし，まだ，この never ever の容認性については否定的な意見が見られる。あるアメリカ人とカナダ人はこの用法を認めているが，別のアメリカ人は never ever は子どもの言葉で，大人であれば never と言うとコメントしている。

| データベースを調べる |

　The New York Times（アメリカの新聞）の website 上のデータベースで NYT Archive [1851–1980] を検索すると，never ever は 1960 年代以降，盛んに使われている。また，The Times（イギリスの新聞）の website 上のデータベースで 2010 年 9 月 16 日から 1 か月間遡って never ever を検索すると 24 例見つかった。

(3)　I have *never, ever* seen this girl in my entire life.
　　　　　　　　　　　　　　　　　　　(dated Sept. 3, 2010)
　　（生まれてからこの女の子と会ったことがない。一度も）

20 nice and warm

くだけた口語で用いられる「nice and + 形容詞」「good and + 形容詞」の nice and と good and はともに very の意味を表す。

(1) She straightened, looked around the large room. It was *nice and warm* in there. She shrugged out of her parka.　　　　　　　　　　(C. Coulter, *Eleventh Hour*)
(彼女は体をまっすぐにして大きな部屋を見回した。少し暑いぐらいだったので彼女は体をよじってパーカを脱いだ)

(2) "She was *good and angry*."　　(J. Higgins, *Flight of Eagles*)
(「彼女は大変怒っていた」)

(3) "I guess he'll be *good and ready*."

(A. Brown, *Family Trust*)

(「彼は準備万端だと思う」)

[役に立つ情報を探す]

nice and と good and は副詞化しているので,たとえば nice and hot は nice'n hot と綴られ,good and tired は good'n tired と綴られることがある (D. Bolinger, *Aspects of Language*)。

また,上例から明らかなように,nice and の次にくる形容詞は望ましい意味を表すものに限られるが,good and の場合にはその制限はない (D. Bolinger, *Degree Words*)。

[データベースを調べる]

COCA Corpus で nice and の後にくる形容詞の頻度を調べると,easy, warm, clear, quiet, sweet などが上位にランクされた。ただし,nice and easy には副詞の意味で使われた例も含まれる。

このほか,big and exciting のように「big and + 形容詞」も同じように用いられる。

21 No. Not really.

　Not really は穏やかに No と言いたいときに使われる表現である。Not really の前か後に No が添えられることがある。

　この場合，たとえば Do you like baseball? に対して No. Not really. と答えると「少しは好きだ」という意味になるのに対して，Not really. No. と答えると「全く好きではない」という意味になる。ともに，後から言うほうが最終的な答えとなる（柏野健次『英語学者が選んだアメリカ口語表現』）。

(1) "You believe that?" "*Not really, no*."

(M. Crichton, *Prey*)

（「それを信じるのか」「いや，そういうわけじゃない」）

(2) "Is there anything I can do to make it easier?" She shook her head. "*No. Not really. I have to do this alone*."　　　　　　　　　　　(N. Sparks, *Notebook*)

（「何かお役に立てることはありませんか」彼女は首を横に振った。「いえ，特には。私一人でしないといけないことですから」）

[データベースを調べる]

　Kashino Database の頻度調査では，No. Not really. が 54 例，Not really. No. が 9 例検出された。COCA Corpus の検索でも前者が 50，後者が 11 というヒット数で，ほぼ同じ結果が得られた。

[役に立つ情報を探す]

　ALED には，以下の例が注釈付で挙げられている。

(3) "Do you want to go to a movie?" "*No, not really*."
　　[=No, I am not very interested in going.]

22　period

　period は文の最後に単独で独立して置かれ,「以上」の意味で用いられる。記号のピリオドを実際に発音したものである。これには,それ以上,話を続けたくないという思いが込められている。

(1)　"Hey, I'm just trying to help," she said. "Then you have to understand the rules of the game. If she gets half my money, she wins. *Period*."

(S. Pottinger, The Boss)

（「何か手伝おうと思っただけなんだけど」と彼女が言った。「だったら,ゲームのルールをしっかりつかんでおくことだ。もし,彼女が私のお金の半分を手に入れたら彼女の勝ち。それだけだ」）

(2)　"My dad's sixty-two, his bride's twenty. I guess that says it all." "You gonna call her Mommy?" Cole joked, leading him into the living room. "I'm not going to call her, *period*," Jake said dryly.

(J. Collins, L. A. Connections)

（「親父は 62 歳で新しい奥さんは 20 歳だよ。それがすべてを物語っているよ」「彼女のことをお母さんって呼ぶのか」とコールはリビングに彼を案内しながらおどけて言った。「彼女には呼びかけるつもりはない。以上」とジェイクは冷たく言った）

 役に立つ情報を探す

　ALED は,この period はアメリカの口語で用いられるもので,決定などがなされた後,変更はできないことを強調する働きをすると述べている。

(3)　I don't want to talk to her again, *period*.
　　　（彼女とは二度と口を利きたくない,以上）

23 make-up person

　person の前に名詞を置き,仕事や好みについて述べる用法がある。たとえば,次の make-up person は「俳優の化粧係り」,hair person は「俳優の髪の毛をセットする人」の意味で使われている。

(1) His *make-up person*, a statuesque black girl, strolled over and powdered him down, followed by his *hair person* who squinted at his hairpiece making sure it was securely in place.　　　　　　　　(J. Collins, *Thrill!*)
(彼を担当するメイク係は均整の取れた黒人女性だった。その彼女がこちらにぶらぶら歩いてやってきて彼に粉おしろいをつけた。その後からヘアメイク係が近づいてきて彼のヘア・ピースを目を細めて見て,外れていないかどうか確認した)

　同じように,night person は「夜型人間」,morning person は「朝型人間」という意味を表す。

(2) Was it too early to call him? Yes. Tony was a *night person*. When he wasn't working he usually slept until noon.　　　　　　　　(J. Collins, *Hollywood Divorces*)
(トニーに電話するのはまだ早いかな? そうよ。彼は夜型人間だから働いていないときはたいてい昼まで寝ているわ)

　このほか,dog person (イヌ好きの人)／outdoor person (アウトドア派の人)／fast food person (ファーストフードの好きな人)／book person (本の好きな人)／party person (パーティ好きな人)／camera person (カメラ好きの人)／computer person (コンピュータにはまっている人)／coffee person (コーヒー好きの人)／early-to-bed person (早寝する人)など,いろいろな言い方ができる。

24 plan B

plan B とは plan A (第一案) に対して「第二案」つまり最初の計画が失敗した場合に代案として実行しようとしている計画のことである。

(1)　He immediately began to carry out *plan A*, trying to ignore the excruciating pain in his shoulder.

　　　　　　　　　　　(J. Archer, *The Eleventh Commandment*)

（彼は肩の激しい痛みを忘れようとしながら，すぐに最初の（逃亡）計画の実行にかかった）

(2)　"Start your plan." Kelly swallowed. "It didn't work." Diane said nervously, "Then go to *plan B*. Yes?" "There is no *plan B*."

　　　　　　　　　　　(S. Sheldon, *Are You Afraid of the Dark?*)

（（ここから外に出る）「計画を実行しなさい」（と言われて）ケリーは喉をごくりと動かした。「うまくいかなかったのよ」ダイアンは神経を尖らせて「じゃあ，第二案に移りなさいよ。分かった？」と言った。「第二案なんてないわ」）

　ネイティブ・スピーカーに聞く

あるアメリカ人によると，この表現は皮肉やユーモアを込めて使うこともよくあるという。

(3)　What? You don't like Italian food? OK, *plan B* is sushi.

　　（何だって？ イタリア料理は嫌いだって？ じゃ，寿司にしよう）

同氏は plan A も plan B もうまくいかなかった場合，plan C という表現も可能であると言っている。

25 The point is that X

The point is that X は話の要点を述べるときに「言いたいことは」の意味で用いられる。that がコンマに変えられて，The point is, X の形式をとったり，the も省略されて，Point is, X の形式になることもある。ここには副詞化していく過程が読み取れる。

(1) "I'm too busy to be checking on your whereabouts," Wadley said. "*The point is that* I'm concerned about your behavior of late."　　　　　(R. Cook, *Fatal Cure*)
(「忙しくて君の居所を調べてはいられない」とウォドレーは言った。「だが要は最近の君の妙な行動が気がかりだということだ」)

(2) "*The point is*, we have to find a way for you to come, too."　"To Washington?" he asked.　"Forget it."

(L. Rice, *The Edge of Winter*)

(「要は君も来られる方法を考え出さないといけないということだ」「ワシントンに?」と彼は言った。「無理だよ」)

同じような表現に，The fact is that X (実際のところ) や The trouble is that X (問題なのは)，それに The truth is that X (実は) などがある。同様に，that と the の省略が可能である。

(3) "You think you've been clever, don't you, Dana?　*The truth is that* you've been very naive.　We've been using you."　　　　　(S. Sheldon, *The Sky Is Falling*)
(「ダナ，君は，これまで賢く振る舞ってきたと思っているんだろうが，実は君の振る舞いはずっととても浅はかなものだった。私たちは君を利用してきたんだから」)

(4) "*The trouble is that* they don't appreciate you." "You're right, dear."

(S. Sheldon, *Tell Me Your Dreams*)

(「問題は彼らはあなたのことを正しく評価していないということよ」「お前の言うとおりだ」)

(5) "I don't mean to pry. It's none of my business." "That's okay," Drew said. "*Fact is*, I haven't had a very happy life." (L. Barclay, *Too Close to Home*)
(「君の個人的なことを詮索するつもりはない。私には関係のないことだからね」「構わないんだよ」とドルーは言った。「実を言うと，これまであまり幸せな人生ではなかったんだ」)

データベースを調べる

Kashino Database の検索では，(The) point is (that) X が 159 例，(The) fact is (that) X が 92 例，(The) trouble is (that) X が 61 例，そして (The) truth is (that) X が 166 例ヒットした。

このほか，The thing is ... の形式もある。これは問題点を明確にする働きをし，上記の The fact is ... などに準じる用法と The thing is ... が wh 疑問文に先行して用いられ，「問題は」という意味を表す用法がある。

(6) "Mom, I loved Danny, but *the thing is*, we don't know what's true. I want to know, don't you see? No matter how it turns out, I've got to know."
(C. Coulter, *Blow Out*)
(「お母さん，私はダニーを愛していたの。でも問題は（彼に関する事件の）何が真実か分からないということなの。私は知りたいのよ。真実が何であっても，どうしても知りたいのよ」)

(7) "*The thing is*—why would he come after me if it was Albia who killed the women?"
(C. Coulter, *Eleventh Hour*)
(「問題は，その女たちを殺したのがアルビアだったら，どうして彼は私を追いかけようとするのか，ということだ」)

26 Say when.

　Say when. は人に飲み物を注ぐときなどに「いいところで言ってくれ」の意味で使う表現である。これに対する答えとしては，That's enough. / All right. / Thank you. / [冗談まじりに] When. などがある。

(1) 　Phil re-appears with a bottle of vodka.
　　　Phil: 　*Say when*.　　Three-quarters full.
　　　Brenda: 　*When*. 　　　　　　　　(Highlander シナリオ)
　　　(フィルがウォッカのボトルを持って再登場。フィル：「いいところで言ってくれ。4分の3くらい入ったけど」ブレンダ：「それでいいわ」)

(2) 　"*Say when*, Nick," said the Israeli press officer, pouring slowly.　Ramsey said nothing until his glass was filled to the brim.　Then, with a grin, he said, "*When*."
　　　　　　　　　　　　　　　　　(I. Wallace, *Almighty*)
　　　(「ニック，いいところで言って下さい」とイスラエルの報道担当官はゆっくりと注ぎながら言った。ラムジーは自分のグラスがあふれそうになるまで何も言わなかった。そして歯を見せて微笑み，「それで結構」と言った)

役に立つ情報を探す

　say には，He said so.(彼はそう言った)のように意味内容を伝達する用法と Say cheese! のように単に「チーズ」という音を発することを求めている用法がある。He said so. は普通は「彼はソウという音を発した」という意味にはならない。

　Say when. の say は前者の用法で，この when は when to stop の意味であるから，本来は That'll do. とか Thank you. と答えるべきなのだが，聞き手はユーモアを込めて後者の用法に解釈し，上のように When. と答えることもある (毛利可信『英語の語用論』)。

27 Don't be a stranger.

アメリカ英語では，別れ際に「すぐにまたその人に会うことを希望する」という意味で Don't be a stranger. と言うことがある。

(1) "*Don't be a stranger*," he said. "Keep in touch." "I will."　　　　　　　　　　　(H. Robbins, *The Lonely Lady*)
（「いつでも来てくれ」と彼は言った。「連絡をくれ」「そうします」）

(2) "*Don't be a stranger*, Leslie. Come by anytime," her father called after her, and then Annie heard a car door slam, and she drove away.　　　(D. Steel, *Sisters*)
（「レズリー，連絡をするんだよ。いつでも来てもいいんだよ」と彼女の父親は背後から声をかけた。(母親の) アニーが車のドアのバタンと閉まる音を聞くとレズリーは車で去っていった）

| ネイティブ・スピーカーに聞く |

あるアメリカ人は，これはフレンドリーな温かい言葉であるとコメントしている。同氏によると，次のようにも言えるという。

　Be sure to come back soon! / Visit us anytime!
　Drop in anytime! / Keep in touch!
　You always have a place to stay when you're in town!
　You're always welcome at our house! / Our door is always
　　open (to you)!

しかし，別のアメリカ人は，この表現は会うために連絡を取るという労を聞き手に押し付けているような感じがして，否定的な感情を持つとコメントしている。

このように，Don't be a stranger. はネイティブ・スピーカーにより感じ方の違う表現である。

28 Sure did.

　これは「主語 + surely + did/is/can *etc.*」という形式から主語が省略され，surely が口語的な sure に変化したものである。全体で一語の副詞のような働きをし，くだけた口語でよく用いられる。

(1) "Did you check the garage door?" "*Sure did*," the second officer replied.　　　　　(R. Cook, *Invasion*)
（「ガレージのドアは調べたのか」「ああ」と二人目の警官が答えた）

(2) "Beautiful day, isn't it?" "*Sure is*."
(L. Goldberg, *Mr. Monk Goes to the Firehouse*)
（「いい天気ですね」「本当に」）

(3) "Do you think we could stop at a Mexican place on the way back to LA?" "*Sure can*."
(C. Coulter, *Eleventh Hour*)
（「ロスへ戻る途中でメキシコ料理の店に寄らないか」「いいね」）

役に立つ情報を探す

　吉田一彦『現代英語の表情』は副詞化という観点から seems to me と seems like もこの Sure did/is/can. などと同列に扱っている。ともに主語の it が省略されている。

(4) "*Seems to me* we ought to go get a pizza or something."
(N. Roberts, *Raising Tides*)
（「ピザか何か買いに行ったらどうかと思うんだけど」）

(5) "I'm going to see him," Hogan was saying. "Niles? Is he fit to see anyone?" "*Seems like*."
(I. Rankin, *A Question of Blood*)
（気がつけば「彼と会うつもりだ」とホーガンがしゃべっていた。「ナイルズのことか。彼は人と会えるほど回復したのか」「そう聞いている」）

29 There's this guy …

口語やくだけた書き言葉では，this が不定冠詞 (a/an) の代わりに新しい情報を導入するときに使われることがある。

この this は (3) のように「劇的現在」(過去の出来事があたかも目の前で起こっているかのように述べる表現方法) とも用いられる。

(1) "Uh, listen, Reggie, there's *this* guy who'll probably want to be at the meeting."　　　(J. Grisham, *The Client*)
(「あの，レジー，会議に出たいと言っている男がいるんだけど」)

(2) "What are your plans today?" "The usual," Summer answered vaguely. "What's the usual?" "Shopping, sunbathing. I met *this* girl — Tina — we hang out together."　　　(J. Collins, *Thrill!*)
(「今日は何をするつもりなの？」「いつもと同じよ」とサマーはあいまいな返事をした。「いつもと同じって？」「買い物とか日光浴とか。ティナという女の子と仲良くなったの。二人であちこちぶらぶらするわ」)

(3) "So we're at the beach and *this* man comes up and says, 'Give me your money'."

(S. Sheldon, *Tell Me Your Dreams*)
(「それでビーチにいたの。すると男がやってきて『金を出せ』って言うのよ」)

|役に立つ情報を探す|

G. Leech & J. Svartvik, *A Communicative Grammar of English* によると，I was walking along the street when *this* girl came up to me … の this girl は a girl I'm going to tell you about の意味であると説明している。

30　(You) did too.

　おもにくだけたアメリカ英語で，相手の否定の発言に対して too を用いて強く反論する言い方がある。標題の did の代わりに do, does や be 動詞も用いられる。この場合，主語は you のときはしばしば省略される。イギリス英語では，(You) did so! などとも言う。

(1)　Jonah:　You said we could go to New York.
　　　Sam:　　Did not.
　　　Jonah:　*Did too*.　　　　　(Sleepless in Seattle シナリオ)
　　(ジョナ：「ニューヨークに行けるって言ったよ」サム：「言ってない」ジョナ：「言ったよ」)
(2)　"Where do you think our mother is?" "She's dead." "No, she isn't." "*She is too*."
　　　　　　　　　　　　　　　　　(J. Steinbeck, *The East of Eden*)
　　(「俺たちのお袋はどこにいると思う？」「お袋は死んだよ」「いや，死んではいない」「死んだって」)

〔役に立つ情報を探す〕

　MED には，この too は子どもがおもに使うという指摘がある。ちなみに，上の (1) は子どもの発言であるが，(2) はそうではない。

(3)　"You don't know how to change a tyre." "*I do too*."
　　(「タイヤの換え方も知らないじゃないか」「知ってるよ」)

〔データベースを調べる〕

　COCA Corpus を使って Did too. の頻度を調査すると，336 例がヒットした。また，COHA Corpus (1810 年代から 2000 年代までのデータから成る) の年代別の頻度分布を見ると，Did too. は 1910 年頃からの使用が目立って多くなっている。

31 very American

たとえば,America という語は「アメリカ」という国籍を表すので very によって修飾されないが,American (アメリカ的な) という語は段階的で very に修飾される。「いかにもアメリカ的な」という意味になる。

(1) "It's *very American* to call each other by our first names."　　　　　(H. Robbins, *Descent from Xanadu*)
 (「ファースト・ネームで呼び合うのはいかにもアメリカらしい」)

次の語の場合も同様に「いかにも ... らしい」という意味を表す。

(2) "Miranda had long, dark hair; she wore gypsy blouses, big full skirts, like Tony. *Very sixties*. *Very New York*."　　　　　(J. Rossner, *August*)
 (「ミランダは髪は長くて黒かったの。トニーのようにジプシーが着るようなブラウスと大きなゆったりとしたスカートを身に着けていたわ。60 年代ぽくって,いかにもニューヨークって感じだったわ」)

(3) Tony was about sixty and dying of leukemia. Being *very Catholic* he often asked to see the priest.
　　　　　　　　　　　　　　　(P. Anderson, *Nurse*)
 (トニーは 60 歳くらいで白血病を患っており,死も間近だった。彼は熱心なカトリック教徒だったので,よく神父に来てくれるように頼んでいた)

さらに,かなりくだけた口語では,very you (いかにもあなたらしい),あるいは,very John (いかにもジョンらしい) のような言い方ができる。また,That dress is *very you*. [= That dress suits you.] のような表現も可能である。

32　I am so very happy.

　ある語の程度を強めるには，一般に very が用いられるが，このほか really や so なども同じように使われる。ときに口語では so very や really very の形式をとることがある。

(1)　"George has returned, and I am *so very* happy."
　　　　　　　　　　(M. H. Clark, *On the Street Where You Live*)
　　（「ジョージが戻ってきて，ものすごくうれしい」）
(2)　"Watch her.　She is *really very* beautiful."
　　　　　　　　　　　　　　　(H. Robbins, *The Predators*)
　　（「彼女をよく見てみなさい。本当に美しいよ」）

　very, really, so の3語を比べると，very は客観的な表現であるが，really, so は話し手の感情のこもる主観的な表現である。一般に，言語には「主観的な表現が客観的な表現を包み込む」という傾向が見られるが，so very や really very もその例の一つである。したがって，順序を変えて，*very so や *very really と言うことはできない。

　データベースを調べる

　Kashino Database を用いて頻度を調べると，so very が 122 例，really very が 30 例ヒットした。
　このほか，主観的な表現を繰り返した really so, so really という表現も可能で，COCA Corpus で調べると前者が 184 例，後者が 13 例ヒットした。

(3)　"I'm *really so sorry*.　I didn't mean to annoy you."
　　　　　　　　　　(S. Sheldon, *Are You Afraid of the Dark?*)
　　（「本当にすまない。あなたを困らせるつもりはなかったのです」）

33　What's the matter (with you)?

　英語では似たような二つの表現がある場合，一方が中立的な意味を表し，他方が「いらだち」などの感情的な意味を表すことがある。

[I]　中立的な意味を表す What's the matter? の後に with you などを付けると相手に対する「いらだち」が表される。

(1)　"*What's the matter with you?*" Alex said irritably.

(J. Collins, *Dangerous Kiss*)

（「一体，お前はどうしたというんだ」とアレックスはいらいらして言った）

[II]　What's that mean? は中立的な意味を表すが，What's that supposed to mean? は「一体，どういうことだ？」というような意味が表される。

(2)　"*What's that supposed to mean?*" I asked nastily. "Nothing, nothing," she rushed to say.

(L. Weisberger, *The Devil Wears Prada*)

（「それって一体どういう意味なの」と私は不快をあらわにして尋ねた。「何でもないわ，何でもないの」と彼女はあわてて取り繕った）

[III]　上記の二つの表現ほど強くはないが，Where were you? に比べ Where have you been? も軽い「いらだち」の気持ちを表す。

(3)　Mark burst through the door.　"Hi, Mom."　"*Where have you been?*" she snapped.　(J. Grisham, *The Client*)

（マークはドアから突然，部屋に飛び込んできた。「お母さん，ただいま」「一体，どこにいたのよ」と彼女はぴしゃりと言った）

34 Where am I?

　道に迷ったり，眠りから覚めて自分の居場所が分からないときによく「ここはどこですか」と言うが，これは英語では，Where am I? という表現を使う。What's this place? も用いるが，*Where is here? は誤りである。

(1) [looks around] What street is this? *Where am I?* I'm lost!　　　　　　　　　　　　　　(Sweet November シナリオ)
　　　（［周囲を見回して］ここは何という通りなんだろう。ここはどこなんだ？ 道に迷ってしまった！）

(2) "*Where am I?*" "The Cromwell Hospital. You've been here two days. German bomb. You're lucky to be here."　　　　　　　　　(J. Higgins, *Flight of Eagles*)
　　　（「ここはどこですか」「クロムウェル病院ですよ。あなたがここに入院して2日になります。ドイツ軍の爆撃があったんですよ。助かってよかったですね」）

　be 動詞を過去形にして Where was I? あるいは Where were we? と言うと「どこまで話をしましたか」という意味になる。

(3) "Thanks." "No sweat." The driver left. Foster turned to Andrea, "*Where were we?*" "You were telling me how adorable I am."
　　　　　　　　　　　　　(S. Sheldon, *Nothing Lasts Forever*)
　　　（（フォスターが）「どうも」と宅配の運転手に言うと彼は「どういたしまして」と言って立ち去った。フォスターはアンドレアのほうを向いた。「どこまで話をしていたっけ？」「私がどれだけ魅力的かっていうところまでよ」）

35　That'll be thirty-two dollars.

　助動詞の will が丁寧さを表すために用いられることがある。たとえば，次の That'll be thirty-two dollars. は（ぶっきらぼうな）That is thirty-two dollars. よりも丁寧な言い方である。この用法の will は未来を表しているのではないことに注意したい。

(1)　"That*'ll* be thirty-two dollars."　Jack handed the driver four tens, and didn't ask for any change and didn't get a thank-you.　　　　　(J. Archer, *False Impression*)
　　（「32 ドルです」（とタクシーの運転手に言われて）ジャックは 10 ドル札を 4 枚渡し，お釣りは要求しなかったが，運転手からはお礼の言葉はなかった）

ネイティブ・スピーカーに聞く

　ネイティブ・スピーカーによると，同じような表現に That *will* be all. があるという。しかし，これは使い方によっては「これ以上，話はしたくない」という意味になり，失礼になる場合があるとのことである。

　ちなみに，次のような will も未来を表していないが，これは話し手の推量を表す用法で，丁寧用法ではない。

(2)　The doorbell rang, and Julie jumped, looking at him with alarm.　"That*'ll* probably be the police."
　　　　　　　　　　　　　　　　　(S. Brown, *Smash Cut*)
　　（玄関のベルが鳴ったのでジュリーは飛び上がるくらい驚いて不安げに彼を見た。「たぶん，警察だよ」）

　(2) の will については，柏野健次『英語語法レファレンス』の pp. 190–192 を参照。

36 Don't be a woman.

　ペーパーバックを読んでいると，Don't be a woman. / Be a man. / Don't be a baby. などの表現に出くわすことがある。

　女性，赤ん坊の場合はそれぞれの持つ属性を否定し，男性の場合はその属性を肯定する命令形が用いられているが，これは「女，子どもは弱い者で，男は強い者」という社会一般の通念を反映したものである。

(1) The ribs were as good as the man promised but Chad left his untouched while he drank his dinner. "You're not eating," I said. "*Don't be a woman*," he said. I was silent.　　　　　　　　(H. Robbins, *The Lonely Lady*)
(リブはその男（料理長）の言ったようにおいしかったが，チャドは手を付けず，お酒を食事代わりに飲んでいた。「食べてないじゃないの」と私が言うと彼は「いちいち，うるさいんだよ」と言ったので私は黙った）[男性に対して Don't be a woman. （女みたいな言動をとるな）と言うこともある]

(2) Stop being a wuss, Foreman.　*Be a man!*
　　　　　　　　　　　　　　　(Miss Congeniality 2 シナリオ)
(フォアマン，そんな弱音をはいてどうするの？ 男でしょ？)

(3) She was a little girl at the shore with her mother and father, and her father was carrying her into the ocean on his shoulders, and when she cried out her father said, *Don't be a baby*, Tracy, and he dropped her into the cold water.　　　(S. Sheldon, *If Tomorrow Comes*)
(彼女が幼い頃，両親と海岸にいたときの話である。父親が彼女を肩に担いで海に入っていったので，彼女が怖くて叫ぶと父親は「トレイシー，もう赤ちゃんじゃないんだからね」と言って冷たい水の中に投げ入れた）[大人に向かって Don't be a child. とも言う]

語法ファイル

aren't I?

たとえば，I am right. に付加疑問文を付けるときは，am not の決まった短縮形がないので，1人称ではあるが aren't を使って，aren't I? と言う。堅苦しい言い方では am I not? も用いられる。

(1) "I'm your best friend, *aren't I?*"

(J. Collins, *Hollywood Wives*)

(「私はあなたの親友よね」)

(2) "And I'm speaking clearly, *am I not?*" "Clear as can be," Emmet assured her. (L. Sanders, *Guilty Pleasures*)

(「私の話，分かりやすいですか」「理路整然としていますよ」とエメットは請け合った)

かなりくだけた口語では，I'm safe, *ain't I?* のように ain't (エイントとまたはエントと発音される) が用いられる。amn't の変形と言われている。

ain't については，*Webster's Dictionary of English Usage* に詳細な説明があり，「この語を使う話し手は社会的，教育的に劣っていると見なされるが，広く用いられていて便利な語であるとも言える」と結んでいる。

I'm easy.

I'm easy. は，何かの選択を求められた場合に「どちらでも構わない」(I don't mind. / Either way suits me fine.) という意味を表すくだけた口語である。気乗りのなさを表す言い方となる。

(1) A: Will we go out or stay at home?
　　B: *I'm easy*. 　　　　　　　(ネイティブ・スピーカー提供)
　　(A:「出かけるの，家にいるの？」B:「どちらでも」)
(2) "So what would you like to do?" "*I'm easy*."
　　　　　　　　　　　　　　　(J. Collins, *Lethal Seduction*)
　　(「それで何がしたいの？」「何でも」)

I'm easy. の前に，I don't know. / Fine with me. / Whatever you like. などを置いて用いられることもある。

I'm game.

I'm game. はくだけた口語で，(1)のように「(危険や困難を伴うことを) 思い切ってしてみる」という意味と (2)のように「提案に賛成する」という意味で用いられる。game は通例，形容詞扱いされる。

(1) A: The water is freezing.
　　B: *I'm game*. 　[= I'm prepared to dive in.]
　　　　　　　　　　　　　　　(ネイティブ・スピーカー提供)
　　([二人がプールで泳ごうとしている] A:「水はものすごく冷たいよ」B:「飛び込んでみるよ」)
(2) "How about a walk on the beach?" "*I'm game*."
　　　　　　　　　　　　　　　(L. Fairstein, *Death Dance*)
　　(「ビーチに散歩に行きませんか」「いいですよ」)

(1)に挙げた「(危険や困難を伴うことを) 思い切ってしてみる」の意味でよく用いられる形式には，*I'm game* to give it a try. や *I'm game* if you are. [= I dare to do it if you dare to do it.] などがある。

How very dreadful!

　How 感嘆文が用いられる場合，意味をさらに強めて How very の形式をとることがある。

(1) "He took his own life to avoid interrogation by the Gestapo." "*How very* dreadful."

(K. Follett, *Hornet Flight*)

（「彼はゲシュタポの尋問を嫌って自殺したのです」「何てことだ」）

(2) "How queer. *How very* queer. I never really noticed at the time." "What didn't you notice, Miss Webb?" "Why — the clocks." (A. Christie, *The Clocks*)

（「奇妙だわ。何て奇妙なんでしょう。あのときには全く気がつかなかったのですが」「何にですか，ウェブさん」「時計のことです」）

データベースを調べる

　How very の後にくる形容詞を COCA Corpus で調べた結果, nice（15例），important（11例），sad（8例），odd（7例），sorry（7例）という頻度順になった。

(3) "*How very* nice to meet you." (K. Follett, *Hornet Flight*)

（「お目にかかれて光栄です」）

I'm listening.

　I'm listening. とは I'm waiting for you to tell me more. という意味であるが，この表現を使う場合，話し手は相手がこれから行う説明はあまり説得力はないだろうと思っていることも多い。

(1) "So what do you do, Mark?" "I don't know, but I've been thinking real hard about something." "*I'm listening*."

(J. Grisham, *The Client*)

(「それで，何をするの，マーク？」「分からない。でも僕，本当に一生懸命ずっと考えてきたことがあるんだ」「言ってみて」)

(2) "The truth is, Jack, there's an awful of shit that doesn't make any sense." Jack put down his coffee and leaned forward. "*I'm listening*." (D. Baldacci, *Hour Game*)
(「実はな，ジャック，まったく訳の分からない，くだらないことがあるんだ」ジャックは自分のコーヒーを置き，身を乗り出して言った。「聞こうか」) [The truth is, については The point is that X の項を参照]

Look/Listen!

look あるいは listen は，これから相手に大切なことを言う場合に注意を自分に引きつけるために用いられる表現である。look の後には，listen とは異なり，否定的な内容がくることが多い。ともに命令形で用いられるが，間投詞のように働く。

(1) *Look*, if you've got something to say, why not act like a grown-up and just say it?" (S. Brown, *Envy*)
(「あのね，言いたいことがあるのなら，子どもじゃないんだからはっきり言ったらどう？」)

(2) "Uh, *listen*, Linc — there's someone who wants to meet you," he said in a strangled voice.
(J. Collins, *Hollywood Divorces*)
(「あの，リンク，君に会いたいと言う人が来ているんだけど」と彼は抑えた調子で言った)

I'm in the middle of something.

I'm in the middle of something. は「手が離せない」「取り込み

中」という意味で，相手に詳しいことを言わないで断ることができる便利な表現である。

(1) "Michael, *I'm right in the middle of something*, can I call you back?"　　　　　(J. Collins, *Hollywood Kids*)
(「マイケル，今ちょうど取り込み中なの。折り返し電話してもいいかしら」)

(2) "What can I do for you, George?" "I have a little surprise for you. Can you come down to my office?" "Now?" "Yes." "I'm afraid *I'm in the middle of*―" "Oh, if you're too busy, never mind."
(S. Sheldon, *Master of the Game*)
(「ジョージ，何かな？」「君をちょっと驚かせることがあってね。僕のオフィスまで来てくれないか」「今かい？」「そうだ」「あいにく今ちょっと手が離せなくて...」「そうなのか，忙しかったらいいよ」)〔電話での会話〕

Okey dokey

これは OK のくだけた言い方で「オウキ　ドウキ」と発音する。くだけた言い方なので友達同士か，家族間でしか使わない。

(1) "Can I come see your show, Mommy?" "When you're older, of course." "When?" "I just told you, when you're older." "*Okey dokey*," he said, getting bored.
(J. Collins, *Deadly Embrace*)
(「ぼく，ママのショーを見に行ってもいい？」「もちろんよ，でも大きくなってからね」「いつ？」「今，言ったでしょう，大きくなってからって」「分かったよ」と彼はうんざりして言った)

(2) Katherine: Ah ... oh. Um, I'll wait for you downstairs, Stanley.

Stanley: *Okey dokey*. (Mona Lisa Smile シナリオ)
(キャサリン:「えーっと,あの,スタンレー,私,下で待っているわ」スタンレー:「分かった」)

We'll be right back.

テレビやラジオでよく言われる「一旦,コマーシャルです」は英語では We'll be right back (after this). と言う。ニュースの場合,We'll continue the news after this commercial. とも言うが少し堅苦しい感じがする。コマーシャルが終わって再び番組が始まると司会者は Welcome back. と言う。

(1) The director signaled for a break. "*We'll be right back after this*," Dana said. A commercial came on.
(S. Sheldon, *The Sky Is Falling*)
(ディレクターがコマーシャルに入るよう合図をした。「一旦,コマーシャルです」とダナが言うとコマーシャルが流れた)

(2) "*We will continue* the eleven o'clock news after this commercial." (I. Wallace, *The Fan Club*)
(「コマーシャルの後も 11 時のニュースを続けます」)

starting tomorrow

starting tomorrow は「明日から」という意味を表す。口語ではあるが,堅苦しい言い方である。starting の代わりに beginning も用いられる。

(1) "*Starting* Monday, we're cutting the price of *the Sun* from thirty-five cents to twenty cents."
(S. Sheldon, *Best Laid Plan*)
(「月曜日から『サン』誌の売値を 35 セントから 20 セントに切り

(2) "*Beginning* today, you will receive a weekly allowance of two hundred fifty dollars."

(S. Sheldon, *Master of the Game*)

(「本日から週 250 ドルの手当てが支給される」)

データベースを調べる

COCA Corpus の検索では，starting tomorrow が 125 例ヒットしたのに対して beginning tomorrow は 54 例だった。COHA Corpus を使って歴史を遡ってみると，前者が 1920 年代から，後者は 1910 年代から使われていることが分かった。

very での応答

くだけた口語では相手の言葉（形容詞など）を引き継いで very だけで応答することができる。

(1) "How smart is this kid?" "*Very*."

(J. Grisham, *The Client*)

(「この子はどのくらい頭がいいんだ？」「かなりだな」) [= very smart]

(2) Rob took a seat across from Harrison and glanced around the room. "Beautiful, isn't it?" "*Very*."

(A. Shreve, *A Wedding in December*)

(ロブはハリソンの真向かいに座って部屋を見回した。「きれいな部屋だな」「本当に」) [= very beautiful]

I didn't want him spending Christmas alone.

「want + 目的語 + -ing」の構文はくだけた表現で，多くの場合，否定文で使われ，話し手の何らかの感情が表される。

この -ing は前に to be が省略されたものである。

(1) "I *didn't want him spending* Christmas alone."

(M. Walters, *Fox Evil*)

(「彼にはクリスマスを一人で過ごしてほしくはないの」)

(2) "Now, I want you in bed at your normal time, young lady," Tracy said. "You understand? The flu's making the rounds." "Oh, Mom!" Becky complained. "I'm serious," Tracy said. "I *don't want you missing* school." (R. Cook, *Toxin*)

(「ベッキー,いつもの時間には寝るのよ」と(母親の)トレイシーが言った。「分かった? インフルエンザが流行っているのよ」「そんなあ,ママ」とベッキーは不平を言った。「冗談じゃないのよ。学校を休んでほしくないからなのよ」とトレイシーは言った)

I'm on my way.

これは本来,「...への途中」という意味であるが,電話などでは「(これから)すぐに行く」という意味でよく用いられる。

(1) Hardly had he had his hand off the receiver when it rang again. It was Ted Lynch. "I think you'd better come up here," Ted said. "*I'm on my way*," Jack said.

(R. Cook, *Chromosome 6*)

(ジャックが受話器を置くか置かないうちに,また電話が鳴った。テッド・リンチからだった。「すぐにここに来たほうがいいな」とテッドが言うと「分かりました。すぐに行きます」と彼は答えた)

(2) Doc: Listen, this is very important. I forgot my video camera. Could you stop by my place and pick it up on your way to the mall?

Marty: Um, yeah. *I'm on my way*.

(Back to the Future シナリオ)

(ドック:「いいか,とても大事なことだ。ビデオカメラを忘れてきたんだ。モールへ来る途中に私の家に寄ってカメラを持って来てくれないか」マーティ:「うん分かったよ。すぐ行くよ」)

Why don't I …?

Why don't I …? は I think I'll … の意味を表すが,多くの場合,提案としての効力を持つ。相手がそれを受け入れると話し手が期待しているときに使われることが多い。

(1) "*Why don't I* meet you there, say at five-thirty?"
   "Why don't you pick me up, say at six?"

   (A. Brown, *Legally Blonde*)

   (「そこで会いましょう。そうですね,5時半に」「車で私を拾ってくれませんか。6時にでも」)

(2) "*Why don't I* come to your hotel?" she suggested, reluctant to leave him alone.

   (J. Collins, *Hollywood Divorces*)

   (「私があなたの泊まっているホテルに行くというのはどうかしら」と彼女は彼を一人にしたくはないので,もちかけてみた)

the works

the works は,くだけた言い方では,everything の意味で用いられる。これは,the works of a watch/clock (時計の動く部分,ぜんまい,歯車などの部分品の総体) から「全部」「なにもかも」という意味を表すようになったものである (堀内克明・V. E. ジョンソン (*ST* July 21, 2006))。

(1) "I guess I got the flu. You know, muscle aches, sore

throat, runny nose, headache, *the works*."

(R. Cook, *Invasion*)

(「インフルエンザにかかったようです。筋肉痛やのどの痛み,鼻水,頭痛などすべての症状があります」)

(2) "Bring a dish of banana." "With hot chocolate sauce?" "*The works*." "Nuts?" "Everything!"

(J. Collins, *Hollywood Husbands*)

(「バナナ(アイス)をもらうわ」「ホットチョコレートソースをかけてですか」「全部ね」「ナッツも付けて?」「全部って言ったでしょ!」)

第 III 部

文化比較編

1 bargain, discount と sale

bargain は安く売られている「商品」のことをいい，discount は値引きされた「値段」を指す。sale は店が商品を処分するために安売りをする「期間」のことで，bargain sale, discount sale などという。

(1) "I have always believed, Chris, that if you're looking for a *bargain*, there's no better place to start than a pawnshop."　　(J. Archer, *The Eleventh Commandment*)
（「クリス，前々から思っていることだけど，もし安い品物を見つけたいのなら，まず質屋から当たってみるのが一番手っ取り早いよ」）

(2) Minty got a *discount* and only paid two for both.
　　　　　　　　　(R. Rendell, *Adam and Eve and Pinch Me*)
（ミンティは（商品を）値引きしてもらい，両方で2ポンドしか払わなかった）

(3) "I want to buy some luggage for my husband." "You've come to the right place. We're having a *sale*."　　(S. Sheldon, *If Tomorrow Comes*)
（「主人にスーツケースを買いたいのですが」「お客様，いい店においでになりましたね。当店ではただいまセールを行なっております」）

　ネイティブ・スピーカーに聞く

あるアメリカ人によると，最安値のセールという意味で bargain basement sale という言葉があるという。bargain basement sale とは，日本式に言うと，閉店のための「在庫一掃セール」「理由あり市」（サイズや色合いの点で売れなかった商品，傷ものなどを並べる）などを指す。

2　cable car

　日本語の「ケーブルカー」は英語でも cable car という。サンフランシスコのものが有名である。

(1)　It was a beautiful Monday morning, the kind that makes you want to jump onto a *cable car* and sing "I Left My Heart in San Francisco" at the top of your lungs.　　　　(L. Goldberg, *Mr. Monk in Other Space*)
　　（ケーブルカーに飛び乗り，"I Left My Heart in San Francisco" を思い切り歌いたくなるような，よく晴れた月曜の朝だった）

|役に立つ情報を探す|

　LDCE（第5版）の cable car の項には以下のような記述がある。

　(i)　ケーブルからぶら下がっている乗り物で山を上り下りするときに使われる。
　(ii)　電車に似た乗り物でケーブルによって引かれる。

(i) は日本語でいう「ロープウエイ」に当たり，「ケーブルカー」も「ロープウエイ」も英語では cable car ということになる。
　OALD（第8版）の Visual Vocabulary Builder のページに日本語でいう「ロープウエイ」の写真が cable car というキャプション付きで載っている。

|ネイティブ・スピーカーに聞く|

　あるアメリカ人によると，日本語の「ロープウエイ」のように，客室がケーブルからぶら下がっている場合は，その客室は car か gondola と呼ばれ，サンフランシスコの cable car のように，線路上を走っている場合は，それは car か carriage と呼ばれるという。
　また，あるオーストラリア人は，スキーのリフトは chair lift といい，人の乗るところは chairs というと教えてくれた。

3 cats and dogs

cats and dogs を使った慣用表現には以下の2種類がある。ともに現在でも使われているが，いくらか陳腐な感じがする。

[I]　fight like cats and dogs「激しく喧嘩をする」
　これはイヌとネコは仲が悪いと考えられていることに由来する。

(1)　"And you and he *fought like cats and dogs*." "We didn't fight," Rennie said, correcting her. "Occasionally we quarreled. There's a difference."

(S. Brown, *The Crush*)

(「あなたと彼はよく激しく喧嘩をしていたわ」（と言われて）レニーは「暴力は振るっていない」と彼女の言ったことを訂正した。「時々，口論をしただけだ。殴り合いの喧嘩と口論は違う」）[fight の表す意味については当該の項を参照]

[II]　rain cats and dogs「土砂降り」
　この表現には [I] の場合とは異なり，like を伴っていないことに注意したい。この起源については，決定的な説は見当たらない。新聞からの例を挙げておく。

(2)　It has been *raining cats and dogs* here for two days, and people here are glad.

(The New York Times, Nov. 10, 2002)

（ここでは2日間，土砂降りの雨が降っているが人々は喜んでいる）

　データベースを調べる

The New York Times（アメリカの新聞）の website 上のデータベースで [NYT Archive since 1981] を検索すると，[II] に挙げた rain cats and dogs は20例検出された。約30年間でこの数字であるから，頻度は低いと言える（2010年9月17日実施）。

4 花嫁に Congratulations

　花嫁に Congratulations と言うのは「いろいろあったのに、うまく漕ぎ着けられておめでとう」というニュアンスを伝えることになるため、以前はタブーであった。しかし、今日では多くの人が花婿だけでなく花嫁にもこの表現を使っている。

(1) 　Jim: 　I hear you're getting married. *Congratulations*.
　　　Rose: 　Congratulations are for the groom. You say "Best wishes" to the bride.
　　　Jim: 　Guess my manners aren't what they should be.
　　　　　　　　　　　　　　　　　　(In Her Shoes シナリオ)
(ジム：「結婚するんだってね。おめでとう」ローズ：「Congratulations は花婿に言う言葉よ。花嫁には Best wishes と言うのよ」ジム：「礼儀を知らなくてね」)

(2) 　"I'm getting married next month." I stared at her in surprise. "The judge?" She smiled, blushing slightly. "Yes." I came out from behind the desk and kissed her. "*Congratulations*."　(H. Robbins, *Dreams Die First*)
(「来月、結婚するのよ」私は驚いて彼女を見つめた。「あの判事と？」彼女は少し顔を赤らめて微笑んだ。「そうなの」私は机の後から前に出て彼女にキスをした。「おめでとう」)

[役に立つ情報を探す]

　堀内克明・V. E. ジョンソン (*ST* Aug. 29, 2008) によると、以前は花嫁に Congratulations と言うと皮肉や、やっかみを込めていることになるので避けられたが、今ではこの考え方は、時代遅れになっているという。
　実際、すでに1948年発行のアメリカの小説に All my congratulations, dear. という女性から女性へのセリフが見られる。

5 darling と honey

　ともに愛情を示す呼びかけ語で，恋人同士や夫婦間で，一方が相手を呼ぶときに使われる。また親が子どもに対しても用いる。ただ，父親が娘に，母親が娘と息子に対して，このように呼びかけるが，父親が息子に使うことはない。さらに，特殊な場合を除き，男性同士が darling や honey を使って呼び合うことはない（柏野健次『英語学者が選んだアメリカ口語表現』）。

(1) "Is everything all right, *darling*? You seem so stressed." Grace reached across the table and squeezed his hand. "Sorry, *honey*. Everything's fine."　　　　　　　　(T. Bagshawe, *After the Darkness*)
（「大丈夫なの？ あなた。精神的に参っているようだけど」グレイスはテーブル越しに彼の手を握った。「すまない。大丈夫だよ」）

(2) The words from childhood most often recalled were his mother's: "Don't touch that, *darling*, it's dangerous."
　　　　　　　　　　　　　　(P. D. James, *The Lighthouse*)
（子どもの頃，言われた言葉で一番よく思い出すのは，彼の母親の言葉で，「それに触っちゃだめよ，危ないから」だった）

(3) Kissing the top of Atlanta's dark head, he murmured, "Drink some of your water, *darling*, and I'll be back in a minute."　"Yes, Daddy," she answered dutifully.
　　　　　　　　　　　　　　(B. T. Bradford, *Just Rewards*)
（アトランタの黒髪にキスをして彼は静かに言った。「水を飲んでいなさい。すぐに戻るから」「分かったわ，パパ」と彼女は従順に答えた）

ネイティブ・スピーカーに聞く

　[I] darling と honey を比べると darling のほうが相手への思いやりが強い場合に使われ，honey はこれより軽い感じで使われる。

［II］特にアメリカでは，女性が男女を問わず honey と呼びかけることが多い。ただ，知らない人に，このように呼び掛けることはないが，接客業の女性が男性客に honey と呼びかけることはある。

次はこの「接客業の女性が男性客に honey と呼びかける」という事実を男性は快くは思っていないことを示す例である。

(4) は夫婦間の対話で，いつも言葉の最後に honey と言う妻に対して夫は安っぽく聞こえるからやめるようにと戒めている。

(4) "Can I fix you a drink, *honey*?" she asked. "Why do you always have to tag *honey* onto the end of every sentence?" he said aggressively. "Sorry hon — er, dear. I'm not aware that I do." "Well, be aware," he warned. "It makes you sound like a cheap dance hall hostess."　　　　　　　　　(J. Collins, *Hollywood Husbands*)
(「飲み物，作りましょうか，ハニー」と彼女が尋ねた。「お前はどうしていつも言葉の終わりに honey って言うんだ？」と彼はつっかかるように言った。「ごめんなさい，ハ，あなた。気がつかなかったわ」「だったら，気づけよ」と彼は強く注意した。「まるで安物のダンスホールのホステスのように聞こえるんだよ」)

［III］darling, honey に似た呼びかけ語には，このほか，baby, sweetheart, sweetie, pet, love, dear, angel, precious, sugar, poppet などがある。これらはすべて同じように用いられるわけではなく，話し手と聞き手の関係（相手の年齢，性別など），国や地域，言葉の流行などにより異なる。たとえば，sweetie pie, sugar pie, pumpkin などは通例，子どもかペットに対する呼びかけ語である。

(5) "How do you feel, *Pumpkin*?" Kim asked. "Better now," Becky said.　　　　　　　(R. Cook, *Toxin*)
(「気分はどうだ」と（父親の）キムが尋ねると，ベッキーは「少しはよくなったわ」と答えた)

6 friend と友達

英語の friend は「家族以外でよく知っている人」のことを，acquaintance は「少しだけ知っている人」のことをいう。

(1) "I have known Lew Margolis for many years. We are not close *friends* but we are old *acquaintances*."
(J. Collins, *Lovers and Gamblers*)
(「ルー・マーゴリスは何年も前から知っている。親友ではないが，古くからの知り合いだ」)

日本語の「友達」は通例，同年輩の人を指すが，英語の friend は年齢に関係なく使える。

次は 11 歳の少年と 52 歳の女性弁護士の対話であるが，friend という言葉が使われている。

(2) "Are you my *friend*, Reggie?" "Of course I am your *friend*." "That's good, because right now you're the only *friend* I have." (J. Grisham, *The Client*)
(「レジーは僕の友達だよね」「もちろん，そうよ」「よかった。だって，レジーが今いるたった一人の友達だもの」)

ネイティブ・スピーカーに聞く

あるオーストラリア人は，家族間でも友達であるかのようにお互いが好きで，何でも一緒にしているような場合には，The two sisters are the closest of *friends*, and did everything together. と言えると指摘している。

また，あるアメリカ人によると，My old cat is my *friend* and part of my family.（ネコは私の友達で家族の一員です）のように動物にも用いられるとのことである。

7 handsome woman

　日本語では「ハンサムな女性」とは言えないが，英語では，handsome woman と言える。ただし，この場合，handsome は pretty や beautiful, gorgeous よりも意味が弱く，大柄の年配の女性を指すことが多い。ときには，plain や non-pretty の婉曲語として使われることもある。古風な言い方とも言われている。

(1)　She was what people called a *handsome woman*. She had dark, deep-set eyes, a wide, straight mouth, and a strong chin. She would have been beautiful but for a rather fat, flat nose.
　　　　　　　　　　　　(K. Follett, *The Man from St. Petersburg*)
　　（彼女はいわゆる，きりっとした顔立ちの女性だった。目は褐色でくぼみ，口は横一文字に結ばれ，あごは意志の強さを表していた。団子鼻がなければ美人と言えただろう）［beautiful との対比に注意］

対照的に，beautiful man という言い方も可能である。

(2)　"He was a *beautiful man*. I had never seen such beauty in a man. Ever!"　　　　(S. Spencer, *Endless Love*)
　　（「彼は最高にハンサムだったわ。あんなハンサムな男の人は見たことがなかったわ。それまでに一度も」）

ネイティブ・スピーカーに聞く

　あるアメリカ人（女性）によると，handsome woman とはパンツスーツの似合うジョディ・フォスターのような人を指すということである。また，あるオーストラリア人は beautiful man は話し手が女性の場合に限り可能な表現で，その男性が並はずれてハンサムなことを表すという。COCA Corpus の検索では，二つの表現とも同じくらいの頻度で用いられている。

8 It never rains but it pours. (諺)

　ペーパーバックを読んでいると，たとえば，標題のような英語の諺に出くわすことがある。

(1)　"I got back from Tinseltown a few days ago and needed a sympathetic shoulder to cry on. Ordinarily I use my secretary's, but the son of a bitch has vanished into thin air, taking all my black silk lingerie with him. *It never rains but it pours*."　　　　　　(J. Elbert, *Red Eye Blues*)
　　(「数日前に，(いやなことがあった) ティンゼルタウンから戻ったばかりで，同情して肩で泣かせてくれる人が必要だったの。普通は秘書がその役をしてくれるんだけど，あいつ，姿をくらましたのよ。しかも私のシルクの黒の下着を全部持ってね。踏んだり蹴ったりだわ」)

　この It never rains but it pours. は，多くの場合，よくないことに関して用いられ，「よくないことが一つ起きれば，それに続いてまたよくないことが起きる」という意味である。
　日本語では「弱り目に祟り目」「泣き面に蜂」「踏んだり蹴ったり」などに相当する。

　役に立つ情報を探す

　日本の英和辞典は，上に挙げた諺はいい意味にも悪い意味にも使えるとして，「二度あることは三度ある」という訳を与えているものが多い。
　確かに，英英辞典を何冊か調べてみると，1970 年代半ばまでは，この諺をいい意味で用いるか悪い意味で用いるかに関しては中立的な立場を取るものが多くあった。しかし，それ以降のたいていの英英辞典には「多くの場合，よくないことに用いる」という注記が見られ，これは現在にまで踏襲されてきている。

たとえば，2008年に出版されたALEDはこの諺は悪いことに使われると述べた後で，(2)の例を挙げている。この例のWhen it rains, it pours. は標題の諺のアメリカ式の言い方である。

(2)　The team not only lost the game but three of its best players were injured. *When it rains, it pours.*
　　（チームが負けただけでなく，主力選手の三人までもが怪我をしてしまった。悪いことは重なるものだ）

|ネイティブ・スピーカーに聞く|

　この問題について，アメリカ，イギリス，オーストラリアの10名のネイティブ・スピーカーに尋ねてみた。すると，悪い意味で使うことが多いが，いい意味でも使うと回答した人が4名，悪い意味でしか使わないと回答した人が6名，という結果となった。

　ちなみに，同じように解釈の異なる諺としては，A rolling stone gathers no moss. がある。

　この諺は「職業や住居を転々と変えるのはよくない」という意味であるが，アメリカでは通例，「活動的な人は行き詰ることがない」という積極的な意味で用いられる（『スーパー・アンカー和英辞典』）。

　実際，あるアメリカ人は「石に苔が生えるまで何もしないでいるよりも動き回るべきである」という積極的な意味に解釈している。この解釈の違いは，結局，「苔が生える」ことを望ましいと考えるか，望ましくないと考えるかの違いに帰することができる。

　また，日本語と英語でニュアンスにずれが見られる諺にはIt is no use crying over spilt milk. がある。これは日本語の「覆水盆に返らず」に比べ，済んだことを嘆くことの無意味さを教えるもので，前向きな姿勢を示す（『スーパー・アンカー英和辞典』）。

　あるネイティブ・スピーカーは，この諺は基本的には消極的な意味を表すが，「過去ではなく，未来を見ないといけない」ことを伝えているという点で，積極的な面も備えているとコメントしている。

9　ladies first

　英語圏の国では，女性が部屋に入ってくると，レディ・ファーストの一環として中にいる男性は起立するという慣習がある。

(1)　She was taken to the visitors' room, and Shane Miller was there, waiting.　He rose as Ashley entered.
　　　　　　　　　　　　　　(S. Sheldon, *Tell Me Your Dreams*)
　　（アシュレーは面会室に案内された。そこにはシェイン・ミラーが彼女を待っていた。彼は彼女が中に入ると立ち上がった）

　次の (2) の例は，J. Grisham の「依頼人」(The Client) からの引用である。この小説は映画化されたが，その映画でも当該の場面では女性の入室に伴い，男性は全員，起立していた。

(2)　A knock, and McThune said, "Come in."　The door opened, and an attractive lady of fifty or so walked in and closed the door as if this were her office.　They scrambled to their feet just as she said, "Keep your seats."
　　（ノックの音がしてマックシューンが「どうぞ」と言った。ドアが開き，50 歳くらいの美しい女性が中に入ってきて，まるで自分のオフィスであるかのようにドアを閉めた。中にいた男性は全員，急いで立ち上がったが，同時に彼女は「座ったままで結構よ」と言った）

| ネイティブ・スピーカーに聞く |

　あるアメリカ人は，女性は握手をするときも紹介されるときも座っていても構わないと指摘する。ただ，このような慣習はどれも次第に廃れてきているとのことである。

10 Mother, Father（夫婦同士の呼び方）

英語圏では夫婦同士はお互いを Mother, Father とは呼び合わないという意見もあるが，必ずしもそうとは言えない。

(1) "It's a beautiful party, *Mother*." She looked into his face. "How do you feel, *Father*?"　(H. Robbins, *Betsy*)
（「いいパーティだな，ママ」彼女は夫の顔を覗き込んだ。「気分はどう？ パパ」）

(2) Husband:　*Mother*, there's something wrong with this goddamn door.
Wife:　There's nothing wrong with the door and don't call me *Mother*.　(Something to Talk about シナリオ)
（夫：「ママ，このドアときたらどうしても開かない」妻：「どこもおかしくはありませんよ。それにママと呼ばないでくれる？」）

|ネイティブ・スピーカーに聞く|

子どもの前で父親が母親を Mom と呼んだり，母親が子どもに自分のことを Mom と言うこともある。また，母親が父親を Dad と呼んだり，父親が自分のことを Dad と言うこともある。

(3) Child:　Dad, can I go out and play with Ricky?
Dad:　You have to ask your Mom.
Child:　I don't want to; she seems grumpy.
Dad (to Mom):　*Mom*, can Billy go out and play with Ricky?
（子ども：「パパ，リッキーと外で遊んでもいい？」父：「ママに聞きなさい」子ども：「いやだよ。ママ，機嫌が悪いもの」父（母親に）：「ママ，ビリーはリッキーと外で遊んでもいいのかな？」）

(4) Honey, *Mom* is busy now and can't read you this story.
（ママは今は忙しくてこのお話を読んであげられないの）

第Ⅲ部　文化比較編

11 nurse と看護師

　最近，日本でも男性の看護師が増えてきたが，男性の看護師のことも英語では nurse という。男性であることをはっきりと言いたいときは，male nurse という表現が使われる。

(1) "I'm looking for Clyde Devonshire," he told the clerk. "He went out early." The clerk said. "He probably went to work; he works lots of weekends; *he's a nurse* at the hospital."　　　　　　　　　(R. Cook, *Fatal Cure*)
（「クライド・デブンシアを捜しているんだけど」と彼は（コンビニの）店員に言った。「彼だったら朝早く，出て行きましたよ」とその店員は答えた。「たぶん，仕事に行ったんだと思います。週末にもよく働いていますし。彼は病院で看護師をしているんです」）

(2) Dr. McEvoy was standing outside with two *male nurses* and Selena, the radiologist.　　　(G. Masterton, *Manitou*)
（マカボイ先生と二人の男性看護師，それにエックス線技師のセレナが一緒に外に立っていた）

　データベースを調べる

　Kashino Database を調べてみると，male nurse は 8 例見つかった。1990 年から 2010 年までのデータの入った COCA Corpus を検索したところ，最近 10 年間でも male nurse という表現は依然として使われていることが分かった。

　役に立つ情報を探す

　male nurse という表現は，性に関して特定的（gender-specific）で，nurse という表現は，性に関して中立的（gender-neutral）である。
　この点については，柏野健次『英語語法レファレンス』の pp. 460–463 を参照。

12 off limits

off limits は「立ち入り禁止」という意味で，掲示や簡略表現でよく見かけるものである。

(1) "Can we see it?" Sean asked. He cupped his hands and peered through the door. All he could see were doors leading off the main corridor. Claire shook her head. "*Off limits*," she said.　　　(R. Cook, *Terminal*)
(「見てもいいですか」とショーンは尋ねた。彼は（よく見えるように）両手を丸めて目にあてがい，中を覗き込んだ。見えたのはメインの廊下に通じるドアだけだった。クレアは首を横に振って言った。「立ち入り禁止です」）

[役に立つ情報を探す]

楳垣実『バラとさくら』は off limits というのは「立ち入り許可区域外」という意味で，これは英語の limit は日本語の「制限」とは異なり，「立ち入ってもよいという制限」を表すからであると述べている（下線筆者）。実際，LDCE（第5版）には off limits の意味として beyond the area where someone is allowed to go という説明がある。

ちなみに，「立ち入り禁止」は out of bounds ともいう。

(2) They passed a red brick building with a double set of locks on the door. Senator Van Luven asked, "What's in there?" "Some secret government research. Sorry, it's *out of bounds*, Senator."
　　　　　　　(S. Sheldon, *Are You Afraid of the Dark?*)
（彼らはドアに二重ロックが付いている赤煉瓦の建物の前を通った。バン・ルーベン議員は「そこには何があるのか」と尋ねた。「政府の機密研究所で，申し訳ありませんが，立ち入り禁止です」）

13 rain check

　一般に, rain check は野球などの「雨天順延券」を指すが, アメリカのくだけた言い方では, rain check は「申し出や招待をそのときは断るが, 次の機会には受諾する」という意味で用いられる。

　使われる動詞は以下の take のほか, Could I get a rain check? や I'll give you a rain check. のように get や give も用いられる。

　rain check は話し手がもらっても, 聞き手がもらっても結局は同じで, どちらも「次の機会に」という意味になる。

(1) "Would you like to come in?" Kim asked. "My house is a wreck, but I could use a drink. How about you?" "Thanks, but I think I'll take *a rain check*." Marsha said.　　　　　　　　　　　　(R. Cook, *Toxin*)
(「上がっていかないか」とキムが誘った。「家は散らかっているけど一杯飲みたくてね。君はどう？」「有り難う。でもまたにするわ」とマーシャは答えた) [could use については当該の項を参照]

(2) Trying to let him down gently, she said, "Jem, I know we made plans to see each other tonight, but would you take *a rain check*?" "Is something wrong?"
　　　　　　　　　　　　　　　　　　　(S. Brown, *Switch*)
(彼を少し困らせてやろうと思って彼女は言った。「ジェム, 今晩, 会う約束をしているのは分かっているけど, またにしてくれない？」「何か都合が悪いのか」)

ネイティブ・スピーカーに聞く

　あるアメリカ人は rain check にはもう一つ用法があると言って,「セール中の店で, 客が品切れで目当ての品物を買えない場合, その人はレジで (price) rain check をもらう。その品物が店に再入荷したときに, その人はそれを見せるとセールのときの価格で品物が購入できる」と説明してくれた。

14 「非通知」と restricted

　日本では（携帯）電話の画面表示の一つに「非通知」があるが，これはアメリカでは，restricted, private caller, blocked number, blocked ID, number blocked などという。

(1) But even as she reached for the telephone, it rang. She checked the caller ID. Although it said "*Restricted*" where the number should be, she knew who was calling.
（しかし，彼女が手を伸ばしたちょうどそのときに，電話が鳴った。彼女は誰からかと思ってディスプレイを見た。番号はなく「非通知」と記されていた。しかし，彼女には誰からの電話かは分かっていた）

(2) Julie tried to retrieve the number on the caller ID. "*Private caller*."
（ジュリーは電話の発信元の番号をチェックしようとしたが，「非通知」と表示されていた）

　以上はアメリカで 2009 年に刊行された S. Brown の *Smash Cut* という小説からの引用であるが，表示の仕方は国や地域，あるいは電話会社によっても異なる点に注意したい。

　　ネイティブ・スピーカーに聞く

　上記の点を確かめるためにアメリカ以外のネイティブ・スピーカーに尋ねたところ，「非通知」に当たる英語は，イギリスでは number withheld，オーストラリアでは private number，カナダでは unknown number であることが明らかとなった。
　ただし，特に携帯電話の世界は日進月歩であり，「非通知」に当たる英語は今後も変わっていくことが予想される。

15　single mother

　single mother は一人で子どもを育てている母親のことで，これには当人が夫と離婚した場合も夫が亡くなった場合も，初めから結婚していない場合も含まれる。日本語の「シングルマザー」は一昔前は「未婚の母」を指したが，最近では英語と同様に結婚後，夫がいなくなった場合も，そのように呼ぶようになってきている。

(1)　She was divorced and a *single mother*.

(E. Segal, *Only Love*)

（彼女は離婚したシングルマザーだった）

(2)　"Do you have any idea what hour you'd like to work? Days? Nights? Probably days, if you're a *single mother* with a kid in school." The term "*single mother*" hit her like a punch in the solar plexus.

(D. Steel, *Safe Harbor*)

（「働きたい時間帯はありますか。昼間とか，夜とか。あなたがまだ学校に行っている子どもを抱えたシングルマザーというのなら，たぶん昼間がいいでしょう」「シングルマザー」という言葉を聞いて彼女はみぞおちにパンチを受けたような気分になった）

　ネイティブ・スピーカーに聞く

　あるアメリカ人は，現在，アメリカでは single mother は上記のほか，養子を取った母親のことも指すという。さらに，次のような人工授精で子どもを得た場合もこれに含まれる。

(3)　"I'm a *single mother*. His father is an anonymous sperm donor." "And you've never been married?" "No."

(R. B. Parker, *School Days*)

（「私はシングルマザーで父親は匿名の精子提供者です」「結婚したことはないのですね」「ありません」）

16 I'm smart.

　日本人は「謙譲の美徳」という精神から自分や身内をほめることはしないが，英語圏の人たちはごく普通に自分や身内をほめる。

(1) My mother, who was exceptionally intelligent, was the most beautiful girl in Alabama.　Everyone said so, and it was true.　　　　　　　　　　(T. Capote, *One Christmas*)
　　（私の母親は飛びぬけて頭がよく，しかもアラバマ州で一番の美人だった。周りの人もそう言っていたし，実際，そのとおりだった）

(2) "I wanna be just like you one day, Mommy.　You're sooo pretty."　"Thank you, darling," Ellen said, removing a carton of chocolate ice cream from the freezer.　"You're pretty too."　　　　　　(J. Collins, *Thrill!*)
　　（「お母さん，いつかお母さんのようになりたいわ。お母さんはとってもきれいだもの」「嬉しいことを言ってくれるわね」とエレンはフリーザーからチョコレート・アイスクリームの入った箱を取り出しながら言った。「あなたもかわいいわよ」）

　映画『プラダを着た悪魔』(The Devil Wears Prada) の中で主人公の Andy が就職の面接で「私は頭がいいし，機転が利きます」と言って自分を売り込むシーンがある。日本人であれば，まずこうは言わないだろう。

(3) Okay, listen, I may not know too much about fashion, but I'm smart and resourceful and I will work very hard and—
　　（「分かりました。いいですか。確かに私はファッションのことはあまり知りません。でも私は頭がいいし，機転が利きます。一生懸命，働きますし，それに—」）

17　sun（太陽の色）

　英語で太陽の色を考える場合,「一日のいつ頃の太陽が何色か」という観点の導入が必要である。

　英語では, 以下の例から明らかなように, 朝の太陽の色は red で, それが時間とともに orange に変わり, 昼頃には yellow となる。そして午後には orange に再び変化し, 夕方には朝の red に戻る。

　つまり,［朝］red → orange → yellow → orange → red［夕方］というように変化する, ということである。

(1)　The sun was well up.　It had lost its daybreak *red* and was turning from *orange* to bright *yellow*.

(P. Benchley, *Jaws*)

(すでに陽は高く昇っていた。太陽は日の出直後に見られる赤色は姿を消し, オレンジ色から明るい黄色に変わろうとしていた)

(2)　It was late in the afternoon and the bright *yellow* sun had begun to pick up faint tinges of *orange*.

(H. Robbins, *Where Love Has Gone*)

(夕方近くになり, 太陽は明るい黄色からほんの少しオレンジの色合いを帯びてきていた)

(3)　She watched the blood-*red* sun slowly drown in the distant water, and darkness fell.

(S. Sheldon, *A Stranger in the Mirror*)

(真っ赤に染まった太陽が少しずつ水平線の向こうに沈んでいくのを彼女はじっと見つめていた。そして辺りは暗くなった)

|ネイティブ・スピーカーに聞く|

　これに関連して, あるイギリス人は, 虹の色は Richard of York gave battle in vain. という文で覚えると教えてくれた。これは Red/Orange/Yellow/Green/Blue/Indigo/Violet のそれぞれの頭文字をとって作った文である。

18 Toyota

　日本語がそのままローマ字表記されて英語になった言葉が多く見られる。その代表的なものは Toyota, karaoke, Nintendo, Sony, Honda などである。

(1) Bosch's eyes searched the vehicles in the small parking lot, looking for a *Toyota*.　　(M. Connelly, *The Overlook*)
（ボッシュは小さな駐車場に停まっている車の中からトヨタ車をくまなく探した）

(2) Anthony took his position near the *karaoke* machine, microphone in hand.　　(J. Collins, *Drop Dead Beautiful*)
（アンソニーはマイクを握りながらカラオケの機械の近くに陣取った）

(3) Drake and his wife sat at the dinner table after they had finished and the children had gone off to play *Nintendo* until their bedtime.　　(H. Robbins, *Never Enough*)
（ドレイクと彼の妻は皆で夕食をすませ，子どもたちが寝るまで任天堂のゲームをしようと部屋へ行ってしまった後も食卓にそのまま座っていた）

│ データベースを調べる │

　上記の例に挙がっている英語化した日本語を Kashino Database で検索すると，Toyota が 144 例，karaoke が 48 例，Nintendo が 6 例ヒットした。

　アメリカの新聞 (The New York Times) の website 上のデータベースで，各語の過去 1 年間の出現数を調べると，Toyota 640 例，karaoke 169 例，Nintendo 165 例という結果となった（2010 年 9 月 11 日実施）。

　COCA Corpus の検索では Toyota は 1960 年代から，karaoke は 1970 年代から，Nintendo は 1990 年代からの使用が目立つ。

19 warm summer

日本語では「暖かい夏」とは言わないが，英語では warm summer という表現が可能である。

(1) It was a *warm summer* evening, and the West End of London was busy.　　　(K. Follett, *Hornet Flight*)
(暑い夏の夕方だった。ロンドンのウエストエンドは活気があった)
[この busy については当該の項を参照]

(2) The bottle was dropped overboard on a *warm summer* evening, a few hours before the rain began to fall.
(N. Sparks, *Message in a Bottle*)
(暑い夏の日の夕方，雨の降り始める数時間前にボトルは船から海へと落とされた)

|ネイティブ・スピーカーに聞く|

複数のネイティブ・スピーカーによると，warm summer は fairly hot を意味し，「快適さ」を含意するのに対して，hot summer は too hot の意味で，「不快さ」を含意するという。

ただし，この感じ方には地域や個人による違いが認められる。

|役に立つ情報を探す|

後藤満恵『3時間で話せる英会話』によると，warm というのは，暑いに近い状態を，very warm はかなり暑いことを，hot は猛暑を意味する。次は very warm の例である。

(3) "Goodness, your teeth are chattering — are you cold? It's *very warm* in here."
(R. Rendell, *Adam and Eve and Pinch Me*)
(「まあ，歯がカチカチ音を立てているじゃないの。寒いの？ ここは暑いくらいよ」)

20　What's today?

　曜日や日付を尋ねるときは，What day is it? か What day is this? / What is today? と言う。後者の二つはおもにアメリカ英語である。曜日を聞いていることをはっきりさせたいときは，(3) のように，of the week を添えるとよい。

(1) "What's today? Tuesday?"　　　　　(J. Rossner, *August*)
　　(「今日は何曜日？　火曜？」)

(2) "*What day is it?*" she asked the passing steward. "Thursday the twentieth, madam."
　　　　　　　　　　　　　　(J. Archer, *False Impression*)
　　([機内で]「今日は何曜ですか」と彼女は通りすがりのスチュワードに尋ねた。「20 日の木曜日でございます」)

(3) "*What day is this?*" "Today is the seventeenth of …" "No. I mean what day *of the week* is this?" "Oh. Today is Monday."　　(S. Sheldon, *Tell Me Your Dreams*)
　　(「今日は何曜日かな？」「17 日で…」「いや，何曜日かと聞いているんだ」「ああ，月曜日です」)

　ネイティブ・スピーカーに聞く

　あるアメリカ人は日付を聞くのであれば，What's today's date? か What's the date? を使い，曜日を尋ねる場合は What day is it (today)? か What day of the week is it? を使うと言っている。

　ちなみに，What day is it? は，次のように「特別の日」をいう場合にも用いられる。

(4) A: Do you know *what day it is* today?
　　B: Of course, I know. It is our wedding anniversary.
　　(A:「今日は何の日か知ってる？」B:「もちろん。結婚記念日だよ」)

21　yard

　yard に関しては,アメリカとイギリスで使い方が違うので注意が必要である。以下では,英米の典型的な家について述べる。

　アメリカでは草や芝生の生えているオープンスペースを yard と呼ぶ。道路に面しているところが front yard で家の裏が back yard である。それぞれ,その一部が花や野菜の植えてある garden となっていることが多い。back yard は食事をしたり,子どもが遊んだりするプライベートな場所となっている。

(1) A tricylce, a big wheel, and a few toys sprinkle the grass on the *front yard*. A mailbox with the name "The BELLS" on it sits out in front of the lawn.

(Kill Bill シナリオのト書き)

(前庭の芝生の上には三輪車,大きな車輪,おもちゃが少し散らばっている。The BELLS という名前の入った郵便受けが芝生の前に立っている)[アメリカの作品]

　イギリスでは,アメリカでいう front yard は garden と呼ばれることが多い。そこには,通例花木が植えられている。アメリカでいう back yard は同じようにイギリスでも back yard,あるいは yard と呼ばれるが,草や芝の生えていることもコンクリートなどで舗装されていることもある。イギリスの (back) yard は,子どもが遊んだり,食事をしたりするほか,物置としても使ったりする。一部 garden に当てられていることもある。

(2) Number twenty-three was a neat house with a large pond in the *front garden*.　(L. LaPlante, *Royal Flush*)

(23 番地には前庭に大きな池のある,こぎれいな家があった)[イギリスの作品。front garden という言い方にも注意]

語法ファイル

family

　日本語の「家族」も英語の family も，ともに夫婦だけではそのようには呼ばない。子どもができて初めて「家族」や family となる。英語では have/start a family の形式でよく用いられる。

(1) I knew that we would always be together and that we would *have a family*.

(M. H. Clark, *I Heard That Song Before*)

（二人はこれからずっと一緒で，子どもを持って家族になることが私には分かっていた）

(2) In six months, you and Pam are gonna be married. Then you'll want to *start a family* of your own.

(Meet the Fockers シナリオ)

（半年したら君とパムは結婚する。そうすると君も自分の子どもがほしいと思うだろう）

相手を full name で呼ぶ

　英語圏でフルネームを使って相手に呼びかけることは，話し手と聞き手の間に距離を作ることになる。そのため，聞き手は話し手の言葉を真剣に受け取ることが要求される。

　小説では次のように相手を脅迫するような場面でよく使われる。

(1) "Don't even open your mouth, *Teddy Washington*. 'Cause if you do, I swear I'll kill you."

(J. Collins, *Dangerous Kiss*)

（「テディ・ワシントン，一言もしゃべるな。そんなことをしようものなら，絶対に殺してやる」）['Cause = Because]

(2) His face was inches from Mark's, and it was a horrible face. He was breathing heavy. "Listen to me, *Mark Sway*," he growled. Something clicked in his right hand, and suddenly a shiny switchblade entered the picture. (J. Grisham, *The Client*)
(彼の顔はマークのすぐ間近にあり,恐ろしい形相をしていた。彼は大きく息をして,「よく聞け,マーク・スウェイ」と低い声で言った。彼の右手で何かカチッという音がしたかと思うとキラリと光る飛び出しナイフがマークの目に入った)

lip service とリップサービス

日本語の「リップサービス」は「お世辞を言う」ことであるが,英語の lip service は「あることに同意はするが,口先だけで何もしない」ことをいう。

(1) "Call me if you're going to see Kiz." "You got it." But Bosch knew Edgar was just paying *lip service* to the idea. He wouldn't be visiting Kiz.
(M. Connelly, *Echo Park*)
([ボッシュがエドガーに]「君がキズに会うつもりなら僕に電話してくれ」「分かった」しかし,ボッシュはエドガーが口先だけだということが分かっていた。彼はキズに会いに行くつもりなどないだろう)

(2) "You were right when you called me a liar and a hypocrite when I promised that I'd take your job seriously—I couldn't possibly have given you more than *lip service*." (J. Collins, *Lovers and Players*)
(「私はウソつきとか偽善者と呼ばれたが,それも仕方がなかった。あなたの仕事を真剣に受けると約束したが,どのみちそれは口先

だけのことだったのだから」）

wear の訳語

wear の目的語には，一時的に自分の意志で体に密着させることのできるものがくる（鈴木孝夫『ことばと文化』）。

(1) He was now *wearing* jeans, a baseball cap, and sunglasses.　　　　　　　　　　　(M. Crichton, *State of Fear*)
（彼はジーンズをはき，野球帽をかぶり，サングラスをかけていた）

日本語では，上の和訳から明らかなように，身につける場所に応じて動詞を使い分けることが必要となる。

たとえば，「はく」は「足，もも，腰にまとう」ことであり，「かぶる」は「頭や顔をおおう」ことである（『岩波国語辞典』（第7版）下線筆者）。

したがって，次のようにストッキングを頭に wear している状態をいうときは，日本語の動詞としては「かぶる」が適切である。

(2) "Perp was *wearing* a nylon stocking over his face."
　　　　　　　　　　　　　　　　　　　(R. Cook, *Terminal*)
（「犯人は頭からナイロンのストッキングをかぶっていた」）

参 考 文 献

辞典類（〔　〕は本書で用いた略号）
American Heritage Guide to Contemporary Usage and Style, Houghton Mifflin Company, 2005.
Cassell Dictionary of English Grammar, by J. Aitchison, Cassell, 1996.
Longman Dictionary of Contemporary English, Longman, 初版 1978, 第 5 版 2009. [LDCE]
Macmillan English Dictionary, Macmillan, 第 2 版 2007. [MED]
Merriam-Webster's Advanced Learner's English Dictionary, Merriam-Webster, 2008. [ALED]
Oxford Advanced Learner's Dictionary of Current English, Oxford University Press, 第 8 版 2010. [OALD]
Oxford Dictionary of English Grammar, by S. Chalker and E. Weiner, Oxford University Press, 1994.
Oxford English Dictionary, Oxford University Press, 第 2 版 1989. [OED]
Webster's Dictionary of English Usage, Merriam-Webster, 1989.

一般書
赤野一郎 (1986)「語法研究と資料」『語法研究と英語教育』第 8 号, 18-27, 山口書店, 京都.
Bolinger, D. (1952) "Linear Modification," *Publications of the Modern Language Association of America* 67, 1117-1144.
Bolinger, D. (1972) *Degree Words*, Mouton, The Hague.
Bolinger, D. (1975) *Aspects of Language*, 2nd ed., Harcourt Brace Jovanovich, New York.
Curme, G. (1931) *Syntax*, D. C. Heath and Company, Boston.
藤井健三 (2006)『アメリカの英語』南雲堂, 東京.
後藤満恵 (1988)『3 時間で話せる英会話』講談社, 東京.
Hewings, M. (2005) *Advanced Grammar in Use*, 2nd ed., Cambridge University Press, Cambridge.
Jespersen, O. (1933) *Essentials of English Grammar*, Allen & Unwin,

London.
柏野健次（1993）『意味論から見た語法』研究社，東京．
柏野健次（1999）『テンスとアスペクトの語法』開拓社，東京．
柏野健次（2002）『英語助動詞の語法』研究社，東京．
柏野健次（2006）『英語学者が選んだアメリカ口語表現』開拓社，東京．
柏野健次（2010）『英語語法レファレンス』三省堂，東京．
Lakoff, R. (1972) "Language in Context," *Language* 48, 907-927.
Lee, D. (2001) *Cognitive Linguistics*, Oxford University Press, Oxford.
Leech, G. (2004) *Meaning and the English Verb*, 3rd ed., Longman, London.
Leech, G. and J. Svartvik (2002) *A Communicative Grammar of English*, 3rd ed., Longman, London.
毛利可信（1972）『意味論から見た英文法』大修館書店，東京．
毛利可信（1980）『英語の語用論』大修館書店，東京．
Murphy, R. and W. R. Smalzer (2009) *Grammar in Use*, *Intermediate*, 3rd ed., Cambridge University Press, Cambridge.
中尾俊夫・児馬修（編著）（1990）『歴史的にさぐる現代の英文法』大修館書店，東京．
Smith, W. W. (1976) *Speak Better English*, Eihosha, Tokyo.
鈴木孝夫（1973）『ことばと文化』岩波書店，東京．
Swan, M. (2005) *Practical English Usage*, 3rd ed., Oxford University Press, Oxford.
鷹家秀史・林龍次郎（2004）『生きた英文法・語法』旺文社，東京．
田中廣明（1998）『語法と語用論の接点』開拓社，東京．
Thomson, A. J. and A. V. Martinet (1986) *A Practical English Grammar*, 4th ed., Oxford University Press, Oxford.
楳垣 実（1961）『バラとさくら』大修館書店，東京．
ウェブ・ジェイムズ（2006）『日本人に共通する英語のミス151』ジャパンタイムズ，東京．
Wood, F. T. (1964) *English Verbal Idioms*, Macmillan, London.
吉田一彦（1986）『現代英語の表情』研究社，東京．

ST＝週刊 ST［英語学習者向けの週刊紙］．ジャパンタイムズ社刊行．

索　引

1. 見出しタイトルを，英語のアルファベット順に並べてある。
2. 数字はページ数を表す。

[A]
a big spender	94
a he と a she	110
a lot of, lots of と plenty of	47
alone	2
aloud と say（小説特有の用法）	3
Am I glad …!	102
American English と British English	5
an ashtray in which to stub out	89
aren't I?	140
as if	6
as if he were seeing her for the first time	8
at と in	9
available	103
away と back	93

[B]
back and forth	10
bargain, discount と sale	152
because の意味の but	14
become ill/sick	40
belong	12
beside oneself	93
between us	104
book と「予約する」	13
busy	95

busy week	95

[C]
cable car	153
X can/could manage to Y	51
Can I ask you something?	106
cats and dogs	154
climb down	17
compliment と flattery	18
花嫁に congratulations	155
could use	108
Crane here.	111

[D]
darling と honey	156
dead tired	20
decide の一用法	96
do the -ing	21
Do/Would you mind X? の返答	54
Don't be a stranger.	130
Don't be a woman.	139
Don't thank me. と Don't be sorry.	109
due to	22

[E, F, G]
elder brother/sister	23
familiar	24
family	175
fight と「口論」	25

181

friend と友達	158
相手を full name で呼ぶ	175
go for a walk	27
[H]	
handsome woman	159
hardly, rarely と seldom	29
Have you ever gone to …?	97
「ちがいない」の意味の have (got) to	31
He cannot do nothing.	62
He is history.	112
He is interesting.	42
He is sure to come to the party.	78
He was standing (up).	76
hiking と picnic	32
How about if …?	113
How very dreadful!	142
[I]	
I am so very happy.	135
I couldn't believe what I was seeing/hearing.	70
I didn't want him spending Christmas alone.	146
I haven't seen him for/in four years.	41
I seem	71
I was graduated from college.	28
I'm easy.	140
I'm game.	141
I'm going to be sixty in March.	11
I'm in the middle of something.	143
I'm listening.	142
I'm not here.	61
I'm on my way.	147
I'm smart.	169
If I was you	85
if not for X	38
if と when (1)	36
if と when (2)	37
if 節と will	35
if 節と二つの行為の同一性	33
in shock と with shock	73
in town / out of town	100
in vain と to no avail	82
It can wait …	107
It never rains but it pours. (諺)	160
It was already growing dark.	4
It was ten minutes after two.	55
It's just that …	114
[J, K]	
just now	44
keep early hours	98
[L]	
ladies first	162
Let's …, shall we?	72
lip service とリップサービス	176
Look at you!	115
Look/Listen!	143
love と be in love	48
Lucky me/you.	116
[M]	
使役動詞の make	49
make haste と in haste	30
make it a rule to …	50
make-up person	125
man の用法	117
may X but Y	52
maybe	53
Me (n)either.	119
more fun	26
more than 10	56
Mother, Father (夫婦同士の呼び方)	163
比較級と much など	58

must の一用法	59	the city's main library	15
my office	60	the key to the door	45
[N]		The point is that X	127
never ever	121	the works	148
nice and warm	122	There came a time ...	79
No. Not really.	123	There's this guy ...	132
nurse と看護師	164	単数名詞を受ける they	80
[O]		three Martinis later	98
off limits	165	Toyota	171
okey dokey	144	**[U, V]**	
(on) the day Kenny was shot	19	upper lip	99
on the morning/evening of ...	57	very American	134
one of those	65	very dead	96
on の用法 (1)	63	very での応答	146
on の用法 (2)	64	visit	83
out of the question	68	**[W]**	
overstatement	66	warm summer	172
[P, R]		We'll be right back.	145
period	124	We're open/closed.	86
plan B	126	wear の訳語	177
rain check	166	What with X and (what with) Y	87
rather than	69	What's the matter (with you)?	136
「非通知」と restricted	167	What's today?	173
[S]		When do you go to Egypt?	88
Say when.	129	When she spoke, she said ...	75
She was just being polite.	67	Where am I?	137
She wondered if he were awake.	39	Why don't I ...?	148
since -ing	99	Will I ...?	91
single mother	168	without -ing	92
Sorry I'm late.	74	X woke to Y	84
Starting tomorrow	145	**[Y]**	
sun (太陽の色)	170	yard	174
Sure did.	131	(You) did too.	133
[T]		You must see our greenhouse.	120
That'll be thirty-two dollars.	138	You will go home now.	90
the bottom line is that X	105	You're looking well.	46

柏野　健次　(かしの　けんじ)

　1948年大阪生まれ。神戸市外国語大学外国語学部英米学科卒業。同大学大学院外国語学研究科（修士課程）英語学専攻修了。大阪樟蔭女子大学名誉教授。

　著書：『コーパス英文法』(共著，1991年，開拓社)，『意味論から見た語法』(1993年，研究社)，『テンスとアスペクトの語法』(1999年，開拓社)，『英語助動詞の語法』(2002年，研究社)，『エレメンタリー英文法』(共著，2004年，開拓社)，『英語学者が選んだアメリカ口語表現』(2006年，開拓社)，『英語語法レファレンス』(2010年，三省堂)。

英語語法ライブラリ
──ペーパーバックが教えてくれた──　　〈開拓社　言語・文化選書 24〉

2011年3月20日　第1版第1刷発行

著作者　　柏野　健次
発行者　　長沼　芳子
印刷所　　日之出印刷株式会社

発行所　　株式会社　開拓社

〒113-0023　東京都文京区向丘 1-5-2
電話　(03) 5842-8900（代表）
振替　00160-8-39587
http://www.kaitakusha.co.jp

© 2011 Kenji Kashino　　　ISBN978-4-7589-2524-2　C1382

JCOPY　〈(社)出版者著作権管理機構　委託出版物〉
本書の無断複写は著作権法上での例外を除き禁じられています。複写される場合は，そのつど事前に，(社)出版者著作権管理機構（電話 03-3513-6969，FAX 03-3513-6979，e-mail: info@jcopy.or.jp）の許諾を得てください。